# 长期护理保险政策手册

组织编写　国家医疗保障局

主　编　李　滔

编　委　（按单位机构排序）

朱永峰　蒋成嘉　樊卫东

黄心宇　丁一磊　顾　荣

魏作宝　王文君　王小宁

付超奇

人民卫生出版社

·北京·

**图书在版编目（CIP）数据**

长期护理保险政策手册 / 国家医疗保障局组织编写；
李滔主编 . -- 北京：人民卫生出版社，2025. 4.
ISBN 978-7-117-37848-2

Ⅰ. F842.625-62

中国国家版本馆 CIP 数据核字第 20256SL591 号

| | | |
|---|---|---|
| **人卫智网** www.ipmph.com | 医学教育、学术、考试、健康，购书智慧智能综合服务平台 | |
| **人卫官网** www.pmph.com | 人卫官方资讯发布平台 | |

**长期护理保险政策手册**
Changqi Huli Baoxian Zhengce Shouce

组织编写：国家医疗保障局
主　　编：李　滔
出版发行：人民卫生出版社（中继线 010-59780011）
地　　址：北京市朝阳区潘家园南里 19 号
邮　　编：100021
E - mail：pmph @ pmph.com
购书热线：010-59787592　010-59787584　010-65264830
印　　刷：鸿博睿特（天津）印刷科技有限公司
经　　销：新华书店
开　　本：710×1000　1/16　印张：9
字　　数：129 千字
版　　次：2025 年 4 月第 1 版
印　　次：2025 年 5 月第 1 次印刷
标准书号：ISBN 978-7-117-37848-2
定　　价：30.00 元
打击盗版举报电话：**010-59787491**　**E-mail: WQ @ pmph.com**
质量问题联系电话：**010-59787234**　**E-mail: zhiliang @ pmph.com**
数字融合服务电话：**4001118166**　**E-mail: zengzhi @ pmph.com**

# 前　言

　　长期护理保险制度是为失能人员的基本生活照料和与之密切相关的医疗护理提供服务或资金保障的社会保险制度。党的十八大以来，以习近平同志为核心的党中央对建立长期护理保险制度作出一系列重大决策，党的十八届五中全会、十九届五中全会部署"探索建立长期护理保险制度""稳步建立长期护理保险制度"，党的二十大要求"建立长期护理保险制度"，党的二十届三中全会进一步明确"加快建立长期护理保险制度"。建立长期护理保险制度，事关国家发展全局，是实现中国式现代化目标的必然要求；事关更好保障和改善民生，是健全社会保障体系、补齐民生短板的重大举措；事关培育经济发展新动能，是助力银发产业发展、促进劳动力供给侧改革的重要支撑；事关发展社会主义先进文化，是传承中华优秀传统文化、维护公序良俗的重要环节。

　　为便于社会各界更好理解长期护理保险制度政策，国家医疗保障局组织编印《长期护理保险政策手册》，全面梳理了2015—2024年长期护理保险领域的重要文献和政策文件，旨在支撑地方管理部门对标统一的建制要求推进工作实践，同时为专家学者深化制度理论研究提供政策样本和研究框架，为市场主体参与长期护理明晰路径和发展方向。

　　制度的生命力在于持续创新，期待社会各界人士秉持共商、共建、共享原则，共同推动长期护理保险制度高质量发展，让参保群众的幸福底色更浓、公平统一的制度成色更足、银发经济的惠民亮色更显。

编　者
2025 年 2 月

# 目 录

## 重要文献

### 党和国家领导人关于长期护理保险工作的重要指示批示

## 国家医疗保障局领导讲话

## 重要文件

# 重要文献

# 党和国家领导人关于长期护理保险工作的重要指示批示

# 中共中央关于制定国民经济和社会发展第十三个五年规划的建议（节选）

（2015 年 10 月 29 日中国共产党第十八届
中央委员会第五次全体会议通过）

促进人口均衡发展。坚持计划生育的基本国策，完善人口发展战略。全面实施一对夫妇可生育两个孩子政策。提高生殖健康、妇幼保健、托幼等公共服务水平。帮扶存在特殊困难的计划生育家庭。注重家庭发展。

积极开展应对人口老龄化行动，弘扬敬老、养老、助老社会风尚，建设以居家为基础、社区为依托、机构为补充的多层次养老服务体系，推动医疗卫生和养老服务相结合，探索建立长期护理保险制度。全面放开养老服务市场，通过购买服务、股权合作等方式支持各类市场主体增加养老服务和产品供给。

坚持男女平等基本国策，保障妇女和未成年人权益。支持残疾人事业发展，健全扶残助残服务体系。

# 中华人民共和国国民经济和社会发展
# 第十三个五年规划纲要（节选）

（2016 年 3 月）

健全医疗保险稳定可持续筹资和报销比例调整机制，完善医保缴费参保政策。全面实施城乡居民大病保险制度，健全重特大疾病救助和疾病应急救助制度。降低大病慢性病医疗费用。改革医保管理和支付方式，合理控制医疗费用，实现医保基金可持续平衡。改进个人账户，开展门诊费用统筹。城乡医保参保率稳定在 95% 以上。加快推进基本医保异地就医结算，实现跨省异地安置退休人员住院医疗费用直接结算。整合城乡居民医保政策和经办管理。鼓励商业保险机构参与医保经办。将生育保险和基本医疗保险合并实施。鼓励发展补充医疗保险和商业健康保险。探索建立长期护理保险制度，开展长期护理保险试点。完善医疗责任险制度。

# 习近平在中共中央政治局第三十二次集体学习时强调
# 党委领导政府主导社会参与全民行动
# 推动老龄事业全面协调可持续发展

## （2016 年 5 月 27 日）

中共中央政治局 5 月 27 日下午就我国人口老龄化的形势和对策举行第三十二次集体学习。中共中央总书记习近平在主持学习时强调，坚持党委领导、政府主导、社会参与、全民行动相结合，坚持应对人口老龄化和促进经济社会发展相结合，坚持满足老年人需求和解决人口老龄化问题相结合，努力挖掘人口老龄化给国家发展带来的活力和机遇，努力满足老年人日益增长的物质文化需求，推动老龄事业全面协调可持续发展。

学习会上，徐绍史、李立国、尹蔚民、李斌分别就我国人口老龄化形势、加强和改进老龄工作、促进老龄事业发展谈了意见和建议。

中共中央政治局各位同志认真听取了他们的发言，并就有关问题进行了讨论。

习近平在主持学习时发表了讲话。他强调，人口老龄化是世界性问题，对人类社会产生的影响是深刻持久的。我国是世界上人口老龄化程度比较高的国家之一，老年人口数量最多，老龄化速度最快，应对人口老龄化任务最重。满足数量庞大的老年群众多方面需求、妥善解决人口老龄化带来的社会问题，事关国家发展全局，事关百姓福祉，需要我们下大气力来应对。

习近平指出，我们党历来高度重视老龄工作。党的十八大和十八届三中、四中、五中全会以及"十三五"规划纲要都对应对人口老龄化、加快建设社会养老服务体系、发展养老服务产业等提出明确要求。各地区各部门加大投入、扎实行动，积极推动老龄事业发展，应对人口老龄化工作取得了显著成效。同时，我们的政策措施、工作基础、体制机制等还存在明显不足，同广大老年人过上幸福晚年生活的期盼差距较大。

习近平强调，要着力增强全社会积极应对人口老龄化的思想观念。要积极看待老龄社会，积极看待老年人和老年生活，老年是人的生命的重要阶段，是仍然可以有作为、有进步、有快乐的重要人生阶段。有效应对人口老龄化，不仅能提高老年人生活和生命质量、维护老年人尊严和权利，而且能促进经济发展、增进社会和谐。敬老爱老是中华民族的传统美德。要把弘扬孝亲敬老纳入社会主义核心价值观宣传教育，建设具有民族特色、时代特征的孝亲敬老文化。要在全社会开展人口老龄化国情教育、老龄政策法规教育，引导全社会增强接纳、尊重、帮助老年人的关爱意识和老年人自尊、自立、自强的自爱意识。要加强家庭建设，教育引导人们自觉承担家庭责任、树立良好家风，巩固家庭养老基础地位。

习近平指出，要着力完善老龄政策制度。要加强老龄科学研究，借鉴国际有益经验，搞好顶层设计，不断完善老年人家庭赡养和扶养、社会救助、社会福利、社会优待、宜居环境、社会参与等政策，增强政策制度的针对性、协调性、系统性。要完善老年人权益保障法的配套政策法规，统筹好生育、就业、退休、养老等政策。要完善养老和医疗保险制度，落实支持养老服务业发展、促进医疗卫生和养老服务融合发展的政策措施。要建立老年人状况统计调查和发布制度、相关保险和福利及救助相衔接的长期照护保障制度、老年人监护制度、养老机构分类管理制度，制定家庭养老支持政策、农村留守老人关爱服务政策、扶助老年人慈善支持政策、为老服务人才激励政策，促进各种政策制度衔接，增强政策合力。

习近平强调，要着力发展养老服务业和老龄产业。我国老年群体数量庞大，老年人用品和服务需求巨大，老龄服务事业和产业发展空间十分广阔。要积极发展养老服务业，推进养老服务业制度、标准、设施、人才队伍建设，构建居家为基础、社区为依托、机构为补充、医养相结合的养老服务体系，更好满足老年人养老服务需求。要培育老龄产业新的增长点，完善相关规划和扶持政策。

习近平指出，要着力发挥老年人积极作用。要发挥老年人优良品行在家庭教育中的潜移默化作用和对社会成员的言传身教作用，发挥老年人在化解社会矛盾、维护社会稳定中的经验优势和威望优势，发挥老年人对年轻人的传帮带作用。要为老年人发挥作用创造条件，引导老年人保持老骥伏枥、老当益壮的健康心态和进取精神，发挥正能量，作出新贡献。

习近平强调，要着力健全老龄工作体制机制。要适应时代要求创新思路，推动老龄工作向主动应对转变，向统筹协调转变，向加强人们全生命周期养老准备转变，向同时注重老年人物质文化需求、全面提升老年人生活质量转变。要完善党委统一领导、政府依法行政、部门密切配合、群团组织积极参与、上下左右协同联动的老龄工作机制，形成老龄工作大格局。要保证城乡社区老龄工作有人抓、老年人事情有人管、老年人困难有人帮。要健全社会参与机制，发挥有关社会组织作用，发展为老志愿服务和慈善事业。

# 习近平在全国卫生与健康大会上的讲话（节选）

## （2016 年 8 月 19 日）

伴随人口老龄化，老年人口医疗卫生服务需求增长快、压力大，必须科学谋划、综合应对。要引导家庭医生优先同老年家庭开展签约服务，发挥基层全科医生贴近群众、贴近家庭、贴近基层的优势，为老年人提供连续的健康管理服务和医疗服务。要坚持医养结合，逐步建立长期护理制度，为老年人提供治疗期住院、康复期护理、稳定期生活照料、安宁疗护一体化的健康养老服务，使老年人更健康快乐。

# 2019 年政府工作报告（节选）

## （2019 年 3 月 5 日）

推动消费稳定增长。多措并举促进城乡居民增收，增强消费能力。落实好新修订的个人所得税法，使符合减税政策的约 8000 万纳税人应享尽享。要顺应消费需求的新变化，多渠道增加优质产品和服务供给，加快破除民间资本进入的堵点。我国 60 岁以上人口已达 2.5 亿。要大力发展养老特别是社区养老服务业，对在社区提供日间照料、康复护理、助餐助行等服务的机构给予税费减免、资金支持、水电气热价格优惠等扶持，新建居住区应配套建设社区养老服务设施，加强农村养老服务设施建设，改革完善医养结合政策，扩大长期护理保险制度试点，让老年人拥有幸福的晚年，后来人就有可期的未来。婴幼儿照护事关千家万户。要针对实施全面两孩政策后的新情况，加快发展多种形式的婴幼儿照护服务，支持社会力量兴办托育服务机构，加强儿童安全保障。促进家政服务业提质扩容。发展全域旅游，壮大旅游产业。稳定汽车消费，继续执行新能源汽车购置优惠政策，推动充电、加氢等设施建设。发展消费新业态新模式，促进线上线下消费融合发展，培育消费新增长点。健全农村流通网络，支持电商和快递发展。加强消费者权益保护，让群众放心消费、便利消费。

# 中共中央关于制定国民经济和社会发展第十四个五年规划和二○三五年远景目标的建议（节选）

（2020 年 10 月 29 日中国共产党第十九届中央委员会第五次全体会议通过）

　　健全多层次社会保障体系。健全覆盖全民、统筹城乡、公平统一、可持续的多层次社会保障体系。推进社保转移接续，健全基本养老、基本医疗保险筹资和待遇调整机制。实现基本养老保险全国统筹，实施渐进式延迟法定退休年龄。发展多层次、多支柱养老保险体系。推动基本医疗保险、失业保险、工伤保险省级统筹，健全重大疾病医疗保险和救助制度，落实异地就医结算，稳步建立长期护理保险制度，积极发展商业医疗保险。健全灵活就业人员社保制度。健全退役军人工作体系和保障制度。健全分层分类的社会救助体系。坚持男女平等基本国策，保障妇女儿童合法权益。健全老年人、残疾人关爱服务体系和设施，完善帮扶残疾人、孤儿等社会福利制度。完善全国统一的社会保险公共服务平台。

# 2021 年政府工作报告（节选）

## （2021 年 3 月 5 日）

　　加强基本民生保障。提高退休人员基本养老金、优抚对象抚恤和生活补助标准。推进基本养老保险全国统筹，规范发展第三支柱养老保险。完善全国统一的社会保险公共服务平台。加强军人军属、退役军人和其他优抚对象优待工作，健全退役军人工作体系和保障制度。继续实施失业保险保障扩围政策。促进医养康养相结合，稳步推进长期护理保险制度试点。发展普惠型养老服务和互助性养老。发展婴幼儿照护服务。发展社区养老、托幼、用餐、保洁等多样化服务，加强配套设施和无障碍设施建设，实施更优惠政策，让社区生活更加便利。完善传统服务保障措施，为老年人等群体提供更周全更贴心的服务。推进智能化服务要适应老年人、残疾人需求，并做到不让智能工具给他们日常生活造成障碍。健全帮扶残疾人、孤儿等社会福利制度，加强残疾预防，提升残疾康复服务质量。分层分类做好社会救助，及时帮扶受疫情灾情影响的困难群众，坚决兜住民生底线。

# 中华人民共和国国民经济和社会发展
# 第十四个五年规划和 2035 年远景目标纲要（节选）

## （2021 年 3 月）

  健全基本医疗保险稳定可持续筹资和待遇调整机制，完善医保缴费参保政策，实行医疗保障待遇清单制度。做实基本医疗保险市级统筹，推动省级统筹。完善基本医疗保险门诊共济保障机制，健全重大疾病医疗保险和救助制度。完善医保目录动态调整机制。推行以按病种付费为主的多元复合式医保支付方式。将符合条件的互联网医疗服务纳入医保支付范围，落实异地就医结算。扎实推进医保标准化、信息化建设，提升经办服务水平。健全医保基金监管机制。稳步建立长期护理保险制度。积极发展商业医疗保险。

# 中共中央政治局召开会议
# 听取"十四五"时期积极应对人口老龄化
# 重大政策举措汇报
# 审议《关于优化生育政策促进人口长期均衡发展的决定》
# 中共中央总书记习近平主持会议

（2021 年 5 月 31 日）

中共中央政治局 5 月 31 日召开会议，听取"十四五"时期积极应对人口老龄化重大政策举措汇报，审议《关于优化生育政策促进人口长期均衡发展的决定》。中共中央总书记习近平主持会议。

会议指出，积极应对人口老龄化，事关国家发展和民生福祉，是实现经济高质量发展、维护国家安全和社会稳定的重要举措。党的十八大以来，各地区各部门认真贯彻落实党中央关于积极应对人口老龄化的决策部署，加快健全社会保障体系和养老服务体系，各项工作取得明显成效。

会议强调，要贯彻落实积极应对人口老龄化国家战略，加快建立健全相关政策体系和制度框架。要稳妥实施渐进式延迟法定退休年龄，积极推进职工基本养老保险全国统筹，完善多层次养老保障体系，探索建立长期护理保险制度框架，加快建设居家社区机构相协调、医养康养相结合的养老服务体系和健康支撑体系，发展老龄产业，推动各领域各行业适老化转型升级，大力弘扬中华民族孝亲敬老传统美德，切实维护老年人合法权益。各级党委和政府要健全完善老龄工作体系，加大财政投入力度，完善老龄事业发展财政投入政策和多渠道筹资机制，为积极应对人口老龄化提供必要保障。

会议指出，党的十八大以来，党中央根据我国人口发展变化形势，先后作出实施单独两孩、全面两孩政策等重大决策部署，取得积极成效。同时，我国人口总量庞大，近年来人口老龄化程度加深。进一步优化生育政策，实施一对夫妻可以生育三个子女政策及配套支持措施，有利于改善我国人口结构、落实积极应对人口老龄化国家战略、保持我国人力资源禀赋优势。

会议强调，各级党委和政府要加强统筹规划、政策协调和工作落实，依法组织实施三孩生育政策，促进生育政策和相关经济社会政策配套衔接，健全重大经济社会政策人口影响评估机制。要将婚嫁、生育、养育、教育一体考虑，加强适婚青年婚恋观、家庭观教育引导，对婚嫁陋习、天价彩礼等不良社会风气进行治理，提高优生优育服务水平，发展普惠托育服务体系，推进教育公平与优质教育资源供给，降低家庭教育开支。要完善生育休假与生育保险制度，加强税收、住房等支持政策，保障女性就业合法权益。对全面两孩政策调整前的独生子女家庭和农村计划生育双女家庭，要继续实行现行各项奖励扶助制度和优惠政策。要建立健全计划生育特殊家庭全方位帮扶保障制度，完善政府主导、社会组织参与的扶助关怀工作机制，维护好计划生育家庭合法权益。要深化国家人口中长期发展战略和区域人口发展规划研究，促进人口长期均衡发展。

会议还研究了其他事项。

# 2022 年政府工作报告（节选）

## （2022 年 3 月 5 日）

加强社会保障和服务。稳步实施企业职工基本养老保险全国统筹，适当提高退休人员基本养老金和城乡居民基础养老金标准，确保按时足额发放。继续规范发展第三支柱养老保险。加快推进工伤和失业保险省级统筹。做好军人军属、退役军人和其他优抚对象优待抚恤工作。积极应对人口老龄化，加快构建居家社区机构相协调、医养康养相结合的养老服务体系。优化城乡养老服务供给，支持社会力量提供日间照料、助餐助洁、康复护理等服务，稳步推进长期护理保险制度试点，鼓励发展农村互助式养老服务，创新发展老年教育，推动老龄事业和产业高质量发展。完善三孩生育政策配套措施，将 3 岁以下婴幼儿照护费用纳入个人所得税专项附加扣除，多渠道发展普惠托育服务，减轻家庭生育、养育、教育负担。强化未成年人保护和心理健康教育。提升残疾预防和康复服务水平。加强民生兜底保障和遇困群众救助，努力做到应保尽保、应助尽助。

# 高举中国特色社会主义伟大旗帜
# 为全面建设社会主义现代化国家而团结奋斗
## ——在中国共产党第二十次全国代表大会上的报告
## （节选）

（2022 年 10 月 16 日）

健全社会保障体系。社会保障体系是人民生活的安全网和社会运行的稳定器。健全覆盖全民、统筹城乡、公平统一、安全规范、可持续的多层次社会保障体系。完善基本养老保险全国统筹制度，发展多层次、多支柱养老保险体系。实施渐进式延迟法定退休年龄。扩大社会保险覆盖面，健全基本养老、基本医疗保险筹资和待遇调整机制，推动基本医疗保险、失业保险、工伤保险省级统筹。促进多层次医疗保障有序衔接，完善大病保险和医疗救助制度，落实异地就医结算，建立长期护理保险制度，积极发展商业医疗保险。加快完善全国统一的社会保险公共服务平台。健全社保基金保值增值和安全监管体系。健全分层分类的社会救助体系。坚持男女平等基本国策，保障妇女儿童合法权益。完善残疾人社会保障制度和关爱服务体系，促进残疾人事业全面发展。坚持房子是用来住的、不是用来炒的定位，加快建立多主体供给、多渠道保障、租购并举的住房制度。

# 2023 年政府工作报告（节选）

## （2023 年 3 月 5 日）

　　加强社会保障和服务。建立基本养老保险基金中央调剂制度，连续上调退休人员基本养老金，提高城乡居民基础养老金最低标准，稳步提升城乡低保、优待抚恤、失业和工伤保障等标准。积极应对人口老龄化，推动老龄事业和养老产业发展。发展社区和居家养老服务，加强配套设施和无障碍设施建设，在税费、用房、水电气价格等方面给予政策支持。推进医养结合，稳步推进长期护理保险制度试点。实施三孩生育政策及配套支持措施。完善退役军人管理保障制度，提高保障水平。加强妇女、儿童权益保障。完善未成年人保护制度。健全残疾人保障和关爱服务体系。健全社会救助体系，加强低收入人口动态监测，对遇困人员及时给予帮扶，年均临时救助 1100 万人次，坚决兜住了困难群众基本生活保障网。

# 2024 年政府工作报告（节选）

## （2024 年 3 月 5 日）

　　加强社会保障和服务。实施积极应对人口老龄化国家战略。城乡居民基础养老金月最低标准提高 20 元，继续提高退休人员基本养老金，完善养老保险全国统筹。在全国实施个人养老金制度，积极发展第三支柱养老保险。做好退役军人、军属和其他优抚对象服务保障。加强城乡社区养老服务网络建设，加大农村养老服务补短板力度。加强老年用品和服务供给，大力发展银发经济。推进建立长期护理保险制度。健全生育支持政策，优化生育假期制度，完善经营主体用工成本合理共担机制，多渠道增加托育服务供给，减轻家庭生育、养育、教育负担。做好留守儿童和困境儿童关爱救助。加强残疾预防和康复服务，完善重度残疾人托养照护政策。健全分层分类的社会救助体系，统筹防止返贫和低收入人口帮扶政策，把民生兜底保障安全网织密扎牢。

# 中共中央关于进一步全面深化改革推进中国式现代化的决定（节选）

（2024 年 7 月 18 日中国共产党第二十届
中央委员会第三次全体会议通过）

健全人口发展支持和服务体系。以应对老龄化、少子化为重点完善人口发展战略，健全覆盖全人群、全生命周期的人口服务体系，促进人口高质量发展。完善生育支持政策体系和激励机制，推动建设生育友好型社会。有效降低生育、养育、教育成本，完善生育休假制度，建立生育补贴制度，提高基本生育和儿童医疗公共服务水平，加大个人所得税抵扣力度。加强普惠育幼服务体系建设，支持用人单位办托、社区嵌入式托育、家庭托育点等多种模式发展。把握人口流动客观规律，推动相关公共服务随人走，促进城乡、区域人口合理集聚、有序流动。

积极应对人口老龄化，完善发展养老事业和养老产业政策机制。发展银发经济，创造适合老年人的多样化、个性化就业岗位。按照自愿、弹性原则，稳妥有序推进渐进式延迟法定退休年龄改革。优化基本养老服务供给，培育社区养老服务机构，健全公办养老机构运营机制，鼓励和引导企业等社会力量积极参与，推进互助性养老服务，促进医养结合。加快补齐农村养老服务短板。改善对孤寡、残障失能等特殊困难老年人的服务，加快建立长期护理保险制度。

# 国家医疗保障局领导讲话

# 扩大长期护理保险制度试点
# 为增进人民福祉建立制度性保障
## ——陈金甫同志在扩大长期护理保险制度试点动员部署视频会上的讲话提纲

### （2020 年 9 月 28 日）

这次会议的主要任务，是全面贯彻党中央、国务院决策，动员部署落实《国家医保局　财政部关于扩大长期护理保险制度试点的指导意见》（医保发〔2020〕37 号，以下简称"37 号文"），扎实推进长期护理保险制度试点工作。刚才，四川省成都市、福建省福州市两市同志做了发言，讲得很好。下面，我讲三点意见。

## 一、深刻认识开展长期护理保险制度试点的重大意义

习近平总书记在 2016 年 5 月第三十二次政治局集体学习时作出关于建立相关保险和福利及救助相衔接的长期照护保障制度的重要指示。党的十八届五中全会和国家"十三五"规划确定了"探索建立长期护理保险制度，开展长期护理保险试点"的决策部署。2016 年，国家组织 15 个城市和 2 个省份启动长期护理保险制度试点。4 年来，试点总体进展顺利，首批试点城市重点围绕政策体系、标准体系、管理办法和运行机制等四方面进行探索，制度覆盖近 1 亿人，基金收支规模接近 300 亿，累计享受待遇人数约 110 万人，平均支付比例在 70% 左右，切实减轻了失能人员家庭经济和事务性负担，在拉动就业创业、发展养老产业、支持家政服务业、改善家庭生活质量、优化医疗资源利用等方面的溢出效应和赋能作用初步显现。

在试点取得初步经验和阶段性成效的基础上，按照党中央、国务院决策部署，国家医保局会同财政部在系统总结前期经验、反复推演论证测算、广泛听取各方意见的基础上，报经国务院同意，印发了《国家医保局 财政部关于扩大长期护理保险制度试点的指导意见》（医保发〔2020〕37号），明确进一步扩大试点范围，力争"十四五"期间形成适应我国国情的长期护理保险制度框架。这是党中央、国务院回应人民群众关切，根据经济社会发展形势和前期试点情况，立足当下、放眼长远作出的战略部署，具有重大而深远的意义。

第一，是国家应对人口老龄化战略部署的专项制度安排。2000年起，我国步入老龄化社会，2019年老龄化率升至18%，今后一段时期将迎来老年人口快速增长期。对此，党的十八届五中全会作出人口均衡发展战略部署，构建了应对人口老龄化的政策体系，其中，探索建立长期护理保险制度是完善失能人员长期护理保障的重要制度安排。

第二，有利于补齐社会保障制度体系短板。现行社会保障体系包含养老、医疗、工伤、失业制度，未包括长期失能人员的保障制度。长期护理保险制度是在老龄化加深、城镇化进程加快、人员流动性增加的背景下作出的弥补社会保障体系空白的制度安排，是新时代增强人民福祉的重要措施。从前期试点情况看，长期护理保险年人均待遇支付1.4万元，制度保障功能的持续发挥，实实在在增强了人民群众获得感。

第三，有力促进护理服务体系的供给侧结构性改革和高质量发展。目前护理人员缺口大，职业化水平低。长期护理保险制度在增强失能人员护理服务可及性的同时，为护理服务业、健康产业持续发展提供了有力支撑，吸引了大量劳动力，形成与相关产业协同发展的良好局面。15个试点城市数据显示，长期护理保险试点以来，新增养老机构877家，新增上门服务的护理机构1155家，吸引社会投资213亿元。目前，长期护理保险定点机构超过3700个，护理服务机构人员约15万人。

第四，有利于增进家庭和谐、维护公序良俗。在当下小家庭、坐班工作模式下，失能人员日常照护事关家庭成员的生产生活，占用劳动资源。

健全制度保障，在一定程度上可解放家庭成员，化解家庭矛盾，促进家庭和谐，推进传统美德和公序良俗的传承。目前，长期护理保险试点已使110余万人受益，背后是千万个家庭的和谐稳定，是中华传统美德的生动实践。

## 二、准确把握扩大试点基本政策

扩大长期护理保险制度试点，目的是在更大范围内探索功能设计、政策机制、规则标准、管理服务。确保试点顺利推进并取得成效，首先要学习贯彻好试点文件、准确把握政策要点和基本要求，理解制度内涵和基本规律。

### （一）总体推进坚持"三个遵循"

第一，坚持社会保险的基本原则。长期护理保险的本质属性是社会保险制度，要按照社会保险的基本原则，推进长期护理保险制度建设。包括坚持筹资多元，责任合理分担。单位、个人、财政等承担合理的缴费责任；待遇水平与经济社会发展水平相适应；实行社会化管理，引入市场机制提升管理服务效能等。

第二，坚持保基本、可持续的基本方针。要坚持基本保障，不能搞福利化。要根据经济社会发展水平和各方承受能力，合理确定覆盖范围、筹资标准、保障水平并动态调整。

第三，坚持内外协调、统筹推进的基本方法。长期护理保险制度涉及多部门、多行业，需要主动协调、联动发力，实现部门合力、政策配套、功能协同。

### （二）政策安排把握好"四个关键环节"

第一，合理框定参保对象和保障范围。从现有地方实践看，有的从职工人群起步，有的覆盖城镇居民，也有的逐步覆盖到城乡全体居民。保障范围上大多数还是保重度失能，也有保到中度的。对这个政策的总体把握是，起步务必稳慎。当前，城乡之间在参保缴费负担能力、长期护理服务供给能力、公共服务体系搭建等方面存在较大差异，各地在参保政策和保障范围的确定上，要综合衡量自身实际，确定切实可行、各方可接受的办法。

第二，建立责任共担、动态调整的多渠道筹资机制。建立稳定的筹资来源，明确合理的筹资水平，是长期护理保险制度可持续发展的根本保障。各地要重点把握"筹多少"和"从哪里筹"的问题。

"筹多少"，即确定合理的筹资水平。各地要结合自身实际，在科学测算基本护理服务量的基础上，测算相应的资金需求。合理确定年度筹资总额和筹资水平。过程中，可以参考相近体量和发展阶段的已试点城市经验，增强数据和现实支撑，避免走弯路。

"从哪里筹"，即解决筹资渠道的问题。新增试点地方务必迈好第一步，紧扣"渠道多元""责任明确"，明确好筹资渠道，确定个人、单位、政府多方责任分担。原有试点城市也要按照文件要求，做好筹资政策平稳过渡的转换安排。此外，文件明确从单位缴纳的职工医保费中划出一部分作为长期护理保险单位缴费，以及个人缴费可使用自己的职工医保个人账户，是结构性优化，是减税降费形势下更加合理可行的筹资路径选择，不能因此否定长期护理保险制度的独立属性。

第三，建立公平适度的待遇保障机制。长期护理保险待遇在享受的程序、支付内容、支付方式等方面有其特殊性。要适应制度特点，探索完善长期护理保险待遇政策框架和相关标准。一是探索失能等级评估标准。失能等级评估认定是待遇享受的门槛。需要建立客观标准，通过专业操作开展认定。在前期试点过程中，地方普遍反映，没有国家统一的失能等级评估标准，各地对待遇享受的把握不一样，对待遇的公平性造成影响。国家医保局正在推进统一的失能等级评估标准和管理办法研究制定工作，初步考虑鼓励新增试点城市试行，并不断总结完善。二是厘清支付范围。要实现合理的服务补偿和服务质量引导。要探索长期护理保险基本保障边界，现阶段主要解决失能人员吃、穿、洗等基本保障需求，再逐步拓展到压疮护理、管道护理等更高质量含量的服务需求。应充分借鉴基本医疗保险三个目录的管理经验，研究制定长期护理保险法定保障项目目录，同步规范保障项目内涵和质量要求。国家医保局下一步也将着力在保障范围的规范统一上下功夫，地方要先行探索，先行规范。三是科学设定待遇标准和支付方式。待遇标准设定，要综合制度吸引力、基金承受力、服务供给结构和能力等多方面因素确定。总的要求是，统筹区的支付水平在70%左右，形成制度吸引力；用好待遇支付杠杆作用，根据护理等级、服务提供方式不同，确定不同的待遇水平，如对经济负担重的人群，更大力度支持；对选择居家和社区服务的，给予倾斜支付，引导参保人服务选择。

第四，探索运转高效的管理服务机制。一是探索创新管理服务的模式。作为一项公共服务和社会工程，积极引入社会力量参与，是改革方向，也是试点重点任务。各地要继续沿着引入社会力量参与的路子，在制度设计、运行管理、制度评价等环节广泛引入社会力量参与。继续围绕引导市场主体参与、规范委托程序办法，完善监督管理、评估考核、激励约束机制等方面建立完善社会化运行机制。要建立经办服务费用精准测算的办法、模型，按照保本微利的原则，给足运营费用，落实37号文件提出的探索经办管理费用从基金中支付的措施。二是完善基金、服务管理制度。长期护理保险基金参照执行社会保险基金有关制度。要强调的是，长期护理保险是独立制度，在基金上要独立建账、独立核算。要结合实际建立健全基金监管机制，对欺诈骗保保持高压态势。要完善协议管理和监督稽核制度，对服务提供机构、评估机构等主体，切实履行监督责任。

## （三）功能作用上实现与服务体系协同发展

目前护理服务体系发展相对滞后。如何促进服务产业发展、引导服务体系建设、规范服务提供行为，是推进制度试点必须同步研究考虑的问题。医疗保险制度起步阶段，医疗卫生服务提供体系比较健全，没有出现买不到服务的情况，制度建设的外部支撑条件较好，但是正是由于医疗卫生服务提供体系发展走在了资金筹集体系的前面，医疗卫生服务提供充足带动医疗消费迅猛增长，资金保障体系压力越来越大。长期护理保险制度建设要在促进和引导护理服务提供体系发展上把握好方式方法，实现与服务体系的协同高质量发展。

## 三、精心组织制度试点工作

37号文件对探索建立长期护理保险制度做了整体安排。各级医保部门要继续发挥锐意进取的使命担当和改革精神，紧紧围绕建立长期护理保险制度的试点要求，真抓实干，把工作落到实处、把试点引向深入。

一是高度重视，加强组织领导。各级医保部门、各试点城市要把长期护理保险制度试点纳入保障和改善民生的重点任务，把党的领导贯彻到试点推进全过程，确保试点目标如期实现。各省（区、市）要加强对试点城市的指导，试点城市要成立试点工作领导小组，建立试点团队，发挥"撸起袖子"的实干精神，抓好改革试点。

二是把握节奏，建立工作机制。会后各省（区、市）医保局负责同志要根据会议精神，抓紧向当地党委政府汇报，指导试点城市制定实施方案，按照时限要求，倒排时间表、路线图，建立完善工作督导、信息调度、评估考核、协作咨询等机制。新增试点城市要将经省级医疗保障、财政部门批准的试点方案，报国家医保局和财政部备案，并同步做好有关准备工作，确保年内启动实施。原有试点城市要按照37号文件精神，研究提出修订完善政策的措施，及时向国家医保局汇报，做好平稳衔接过渡。

三是加强宣传，营造良好氛围。医保部门要始终加强政策宣传，正确解读长期护理保险制度的意义和政策，广泛凝聚共识，使人民群众对党中央、国务院决策有高度的认同感，让制度和治理成效转为人民群众的实际获得感。

同志们，探索建立长期护理保险制度，任务艰巨，责任重大，使命光荣。大家要清醒地认识到肩负的历史使命和改革重托，增强进取意识和责任意识，高度重视，精心谋划，密切沟通，深入试点，积累经验，为顶层设计做好支撑。

# 坚定不移贯彻党中央、国务院决策部署
# 以更高质量、更快速度推进长期护理保险制度建设
## ——李滔同志在"高质量推进建立长期护理保险制度"培训班上的讲话提纲

### （2024 年 9 月 25 日）

我们举办此次"高质量推进建立长期护理保险制度"培训班，主要目的是统一思想、凝聚共识、汇聚力量，坚定不移贯彻落实党中央、国务院决策部署，以更高质量、更快速度推进长期护理保险制度建设。建立长期护理保险制度是党中央基于我国经济、社会、人口形势和发展需要，经过长期酝酿、充分研究、审慎决策作出的重大部署。从党的十八届五中全会、十九届五中全会提出探索建立长期护理保险制度、开展长期护理保险试点，到党的二十大作出"建立长期护理保险制度"决策部署，再到党的二十届三中全会明确提出"加快建立长期护理保险制度"，可以看出党中央、国务院推进此项工作的坚强决心和节奏要求。国家医保局党组高度重视，坚决贯彻落实党中央、国务院决策部署，统筹研究谋划，要求作为落实党的二十届三中全会首批落地的重大改革加快推进。为抓好改革落地，讲 3 点意见。

## 一、深刻认识应对人口老龄化的现实性和紧迫性，总结试点经验，科学研判形势，为加快建立制度夯基垒台

建立长期护理保险制度是党中央、国务院应对人口老龄化重大决策部署，是民生领域补短板的重要制度安排。为贯彻落实党中央、国务院决策部署，2016 年国家统一组织 15 个城市和山东、吉林 2 个重点联系省份启

动制度试点。2018 年国家医保局成立后，继续深入抓好试点工作，稳妥有序将试点扩大至 49 个城市。八年来，试点总体进展顺利，试点目标基本达成，制度效能充分显现。

### （一）深刻认识加快建立长期护理保险制度的深远意义

第一，事关国家发展全局，是积极应对人口老龄化的必然要求。我国在 2000 年就进入了老龄化社会，正在加速进入深度老龄社会，截至 2023 年底，65 岁以上人口近 2.17 亿，占比 15.4%。我国老年人口基数大，进展快，仅用 20 年即走过西方国家用上百年完成的老龄化进程。面对严峻的老龄化形势，党中央高瞻远瞩，审时度势，统筹谋划构建全方位、立体化综合应对人口老龄化的战略布局。党的二十届三中全会明确"积极应对人口老龄化""加快建立长期护理保险制度"部署。长期护理保险制度是应对人口老龄化最重要的制度准备之一，在国家战略布局中具有举足轻重的特殊作用。

第二，事关更好保障和改善民生，是健全社会保障体系的重大举措。目前的社会保障体系制度安排较好地解决了老年人吃饭和吃药的问题，对于失能后的护理服务需求，尚无专门的制度安排。"一人失能、全家失衡"，随着人口老龄化加剧，失能老年人长期护理已经成为经济社会发展亟待解决的社会性问题。建立长期护理保险制度就是要构建更加完善、更加健全的社会保障体系，进一步织密社会安全网，通过制度性安排分担失能带来的经济风险和家庭照护事务性负担，更好解决群众急难愁盼问题，让改革红利更好惠及群众。

第三，事关中国式现代化宏伟目标，是促进服务体系建设完善、助力经济高质量发展的重要措施。长期护理保险制度能够集聚资金规模效应，发挥制度平台作用，为护理服务供给侧提供稳定的资金来源和服务对象，带动康养产业和健康服务业快速发展。通过长护基金战略购买，带动相关领域理念创新、技术创新、服务创新，提升行业发展质量，提高全社会劳动效率，数字化、智能化长护服务催生一批新质生产力快速发展。同时还拓宽就业渠道，提供就业岗位。长期护理保险制度具有稳经济、促发展、增就业的经济政策功能，是将银发浪潮转化为发展机遇、助力经济高质量发展的重要措施。

## （二）充分肯定长期护理保险制度试点工作取得的显著成效

八年来，我们采取"试点—评估—扩大试点—再评估"的路径，不断完善制度框架和政策体系，逐步拓展制度覆盖范围，渐进式推进改革。各级医保系统上下联动、协同发力，形成了一批可复制、可推广的成熟经验。

一是制度定位基本明确。各地均着眼于"第六险"，按照以收定支、收支平衡的基本原则，探索建立了以社会互助共济方式筹集资金，为失能人员提供基本护理保障的社会保险制度，同时还在推动建立保险、救助、慈善相衔接的长期照护保障制度体系方面做了有益探索。部分地方紧随时代发展和形势变化，探索了全人群共济的统一制度安排。如，南通、苏州、宁波、上饶、荆门、石河子等地采取职工、居民一体化保障模式，所有职工、居民参加同一长期护理保险制度，资金打通使用。

二是政策标准初步成型。初步探索形成多元筹资机制。遵循社会保险大数法则和社会互助共济原则，试点地方探索建立了与经济社会发展和保障水平相适应的个人、单位、政府、社会等多元资金筹集渠道，初步形成了独立、稳定、可持续的资金来源，同步建立了责任共担的筹资分担机制。如，晋城、南宁、福州、昆明等地综合考虑经济发展水平、群众需求等因素，在基金中长期测算基础上将筹资费率确定在 0.3% 左右，职工筹资由单位、个人按同比例分担，从实际运行看当期总体平衡、中长期有一定基金储备，切实可行。成都、荆门等探索了居民由个人、财政合理分担的机制。

建立了保障基本的待遇确定机制。坚持尽力而为、量力而行，解决基本需求，提供基本保障。明确待遇享受条件，须经规范诊疗、失能状态持续 6 个月以上，使用国家失能等级评估标准开展评估，通过评估符合条件的，方可享受待遇。明确待遇水平，基金支付比例总体水平控制在70%左右。部分地方还探索建立待遇水平与缴费年限等相挂钩的机制，体现多缴多得的待遇激励。明确基本保障范围，以项目清单方式明确基本服务提供范围，清晰界定基金购买服务的边界和内涵，防范过度保障。如，宁波从保障重度失能人员最现实、最迫切的护理服务需求出发，兼顾考虑操作易规范、市场有供给、安全可控等因素，确定生活照料和医疗护理服务项目，并逐项明确服务时长、服务频次、操作规范、服务人员资质要求，提升基金支付绩效。滨州、呼和浩特、南通等地在综合研判基金可支撑能力、规范管理的基础上，逐步将辅助器具纳入支付范围。

三是实施路径基本可行。明确了由国家层面统一制度框架、地方在框架内因地制宜探索的总体实施路径，确保改革的整体规范性。明确了先小范围试点、总结形成经验后再逐步扩大试点范围的分步推进路径，确保改革的全局稳定性。明确了由城至乡、由职工至居民的具体操作路径，确保了改革的综合适应性。各地结合自身实际确定适宜的改革路径，如：山东省从本省城乡实际出发，省级层面确定了先建职工、后覆盖居民的两步走方案；吉林省在5年地市试点探索基础上，省级层面统一制度核心政策，实现了省域内制度政策相对统一；南通根据当地城乡差距相对小的实际，起步就覆盖全人群，在区域上分步，先市区、后郊区。

四是配套支撑积极创新。国家和地方上下联动，持续推进，健全配套制度机制，形成政策有效落实保障的功能体系。创新服务管理，完善定点协议管理等办法，健全与服务保障相适应的管理措施。创新监管手段，适应长护服务和支付特点，完善智能监控规则和体系。创新付费方式，根据护理服务方式、服务内容、提供地点等的不同，完善与服务相适应的支付手段。创新信息化手段，建设统一的信息平台，支持管理服务等智能化、信息化解决方案。引入市场竞争机制，探索委托商保经办，或社保与商保经办分工合作等经办模式。部分城市还探索标准引领治理创新，如青岛编制包含10个子标准的《长期护理保险管理与服务》地方标准体系，建立涵盖评估、服务提供、服务质量控制、经办管理等在内的全流程规范标准，促进管理服务标准化、规范化、精细化。

五是制度效能充分显现。制度减负功能充分发挥，切实减轻了失能人员家庭经济和事务负担，为家庭照护者提供了"喘息"机会。助力康养产业和健康服务业发展。稳定市场预期，拉动相关产业发展，试点地区长期护理保险定点服务机构数量达到 8000 余家。据不完全统计，引入社会资本超 500 亿元。推动了劳动力供给侧改革。拓宽了就业渠道，增加了就业岗位，试点地区为长期护理保险提供服务人员达到 30 万人。促进了和谐社会建设。一定程度上解放了家庭成员，化解了家庭矛盾，促进了家庭和谐，对传承中华民族养老敬老和重视家庭伦理亲情的传统孝道文化、维护社会公序良俗发挥了积极正向作用。

在肯定试点成效的同时，我们也要认识到，试点还存在一些短板弱项，需要继续深化改革。如，由于区域间经济社会发展水平的客观差异，试点城市在具体政策标准设置、管理运行模式等方面差异度较大；资金筹集过度依赖医保基金的情况仍然存在；护理服务体系总量不足，结构失衡，机构建设、服务质量、行为规范等相关标准还不完善，影响保险效能发挥。此外，长期护理保险与相关领域政策、资金整合衔接方面的探索还远不足，需要加强系统谋划、推进部门联动。这次培训也是在直面问题中，系统部署进一步全面深化改革、补齐短板弱项，实现制度建设高质量发展。

## 二、提高政治站位，坚持全国一盘棋，统一规范推进制度建立，切实提升改革质效

建立长期护理保险制度，政治性强，政策性也很强，社会关注度极高。推进这项改革工作，要切实把牢改革方向，全面把握任务要求，准确理解政策内涵，把准关键核心环节，扎扎实实把中央改革任务落实、落细、落好。要坚定不移走规范统一建制的路子，坚持全国一盘棋，统筹推进。这是全面深入贯彻落实习近平总书记关于坚持社会保障制度统一性和规范性重要论述的必然要求，有利于更好均衡不同地区地域间保障水平差

异，有利于实现制度长远稳定可持续。统一规范推进制度建设需要重点把握以下 6 个方面。

### （一）坚持独立险种，独立建制

长期护理保险制度是一项独立的社会保险制度，是补齐社会保障体系短板的基础制度性安排。从组织试点到谋划制度顶层设计，我们始终坚持独立险种、独立设计。在保障对象、保障内容、待遇支付、服务供给、管理运行等环节，长期护理保险与医疗保险等其他社会保险都有较大区别和自身独特性，与基本医保等其他社会保险分灶吃饭，才能更好实现保障效能。各自独立运营，才能更好避免基金中长期风险相互转移，确保长远可持续。此外，长期护理保险在应对人口老龄化、助力银发经济等方面也承担着特殊使命，这也要求独立的制度定位，以便更好发挥功能。但是，独立建制不代表与基本医保管理服务完全切割。在制度发展建设中，在资源、平台、管理运行等方面需要共融共通，实现资源利用最大化，要在实践中辩证把握好。

### （二）坚持统筹城乡，统一覆盖职工和居民

作为社会公共政策和基本公共服务，长期护理保险制度目标就是要实现全民覆盖，全民公平享有。顺应新时代、新发展理念，探索提出长期护理保险制度不再区分城与乡分设制度的改革方案设计，职工和城乡居民统一制度安排。这种制度设计理念，契合城乡融合发展战略，适应新型城乡关系演进趋势，也是推进中国式现代化的必然要求，有利于更大范围实现资金共济、更好体现社会公平正义、更好支撑共同富裕目标实现。

### （三）坚持多元筹资，各方合理分担

夯实各方缴费责任，形成责任合理分担机制，是长期护理保险制度可持续发展的根本保障。一是权责对等。这是社会保险最基本的原则。缴费参保是享受保险待遇支付的前提，参保人员的权利义务相对应。各方都要尽到缴费责任，人人尽责才能公平享有。参保人权利义务相对应，能够避

免权利滥用和义务逃避，有助于提高参保人的责任感和参与度，促进保险制度健康发展。二是合理分担。健全各方分担的筹资结构。总结医保经验和前期试点实践做法，《关于扩大长期护理保险制度试点的指导意见》明确职工由用人单位和个人同比例分担，实践看立得住。居民由个人和政府合理分担，具体比例可继续探索。鼓励地方积极探索引入慈善等社会力量参与资金筹集。三是量能筹资。缴费水平与个人收入水平挂钩，更好实现收入再分配功能。四是动态调整。建立与个人收入和经济增长水平等相挂钩的筹资动态调整机制。原则上不搞定额筹资。实行定额筹资会削弱社会保险制度的互济性和调节收入分配的功能，而且定额缴费的水平也难以科学确定。在具体征收操作中，可以按费率计算出具体缴费额度，便于征收。五是基准费率。原则上国家确定统一的缴费率，缴费基数可结合实际确定。条件不成熟的地方，可从低费率水平起步，利用一定时间达到国家确定的基准费率。六是要有兜底性安排。根据困难程度分类资助，明确资助参保政策，兜住、兜准、兜牢民生底线，确保应参尽参、应保尽保。

此外，要夯实退休人员缴费责任。失能老年人是待遇享受的主要群体，老年人是发生失能风险最高的人群。建制过程中，要切实保障好失能老年人长期护理基本保障需求，确保待遇及时享受，同时也要按照权责对等原则，夯实退休人员个人的缴费责任，可在缴费水平上适当优待。

### （四）坚持保障基本，稳定合理预期

待遇保障要与经济社会发展水平相适应，坚持尽力而为、量力而行，保基本，兜底线。抓好3个重要节点：一是把好入口关。重点聚焦保障重度失能人员，优先解决最急迫需要获得帮助人员的需求。随着经济社会发展及保险制度的逐步完善，再逐步扩大保障至中度失能人员。各地要切实推动国家统一的失能等级评估标准落地应用，引导支持发展独立的第三方评估机构。要完善相应的管理办法，确保评估公平公正。要切实把好待遇入口关，保障应享尽享，但不能在起步阶段贪大求全。二是守好出口关。基金支出以购买服务为主，原则上不直接发放现金补贴。国家将建立统一

的护理服务项目目录，明确服务项目内涵及服务标准等。国家出台目录后，现有试点地方目录要逐步向国家目录归拢。总的原则把握是低水平起步，逐步扩展。三是用好支付政策。充分发挥支付杠杆作用，报销比例向居家和社区服务倾斜。鼓励和支持发展更适合失能老年人需要的小型、嵌入式、连锁型护理服务机构，增强服务可及性。探索适应长期护理服务提供特点的支付方式。再次强调，"尽力而为、量力而行"不能只停留在口号上，要切实落实在行动上。

### （五）坚持统筹推进，健全完善配套支撑措施

目前国家医保局按照"1+17"方案统筹推进制度建设。前期，已陆续制定出台失能等级评估标准及相关操作指南、评估管理办法、长期照护师职业标准、定点护理机构管理办法、长期护理保险经办规程、信息系统使用等配套政策措施，基本涵盖了支撑制度落地实施的全链条重点环节，还有一些需要健全完善的机制措施也在酝酿研究过程中。各地要对标对表国家出台的政策措施细化完善，规定动作一定要做到位。下一步建制过程中，要在国家明确的制度框架内，发挥改革主观能动性，着眼于提升管理水平和服务质量，积极开展探索，力争形成典型经验做法，上升为制度性、政策性成果。

### （六）坚持协同联动，衔接各方资源

要充分发挥、发动相关部门和社会力量协力推进。要加强制度衔接。主动对接民政、卫健、残联、工会等职能部门，积极探索与养老补贴、经济困难失能老年人护理补贴、高龄津贴和残疾人护理补贴等制度安排做好衔接，力争在资金使用、保障范围、经办服务等方面形成合力。要规范服务供给。切实发挥长期护理保险集团购买优势，大力推动和促进服务市场的规范化程度，加速构建形成服务提供、服务实施等标准体系。要盘活现有资源。挖掘现有医疗、养老服务资源潜力，优化利用现有服务功能，引导有条件的医疗护理机构、基层医疗机构、村卫生室等转型或提供长期护理服务。比如，江苏计划推动100个乡镇卫生院转型为定点长护服务机

构，以长期护理保险制度作为资源平台，一举多得，协同发展，实现共赢。要撬动社会资源。增强市场信心，引导社会资本投入护理服务行业，丰富供方市场。鼓励开发以基本保险为前提和基础、保障功能相衔接的适销对路的商业长期护理保险产品，更好保障人民群众多元化的保障需求。

## 三、坚决贯彻党中央决策部署，下大力气推动长期护理保险制度有效落地，坚定不移将改革进行到底

建立长期护理保险制度是党中央、国务院明确的改革部署，党的二十届三中全会进一步明确了加快推进的改革节奏。党中央对推进制度建立旗帜鲜明、方向明确，党的二十届三中全会明确任务要求，为我们加快推进建立长期护理保险制度指明了方向。国家医保局党组坚决扛起中央改革任务，将此项工作作为当前工作的重中之重，主要负责同志亲自部署推动。会后各地、各级医保部门要挺膺担当、忠诚履职，当好进一步全面深化改革的执行者、行动派和实干家。

### （一）强化组织领导

各地各级医保部门要自觉把思想和行动统一到党中央决策部署上来。各省级医保部门要扛牢落实改革部署的主体责任，成立长期护理保险工作领导小组，统筹谋划各省改革推进工作。

### （二）明确目标要求

各地要结合当前正在开展的全党集中宣传学习党的二十届三中全会精神契机，把进一步全面深化改革的战略部署转化为推进长期护理保险制度建设的实际成果。各地要统筹谋划进度安排，深入论证测算，努力做到符合实际、切实可行，树立起科学合理的目标指引。

### （三）抓好综合协调

建立长期护理保险制度涉及范围广、链条长、环节多，攻坚难度大，要建立责任明晰、环环相扣的改革推进机制，系统内各条线都要参与进

来。要统筹考虑制度自身建设与外部关联性政策，主动发力、主动作为，争取在部门政策协同难点上取得突破。要协同推进配套政策措施落地，确保业务流程贯穿通达、管理运行环环相扣、信息系统有效支撑。

### （四）强化宣传引导

注重凝聚改革共识。要讲好长护故事，让群众充分了解建立长期护理保险制度的重要意义和政策，使人民群众对党中央、国务院决策形成高度认同感，让人民群众对改革成果可感可及。注重引导预期。要注重增强群众个人参保缴费责任意识，做好长期护理保险互助共济、责任共担、共建共享理念的宣传。要加强保障基本理念宣传，宣传改革红利，但不能夸大制度保障内涵和功能，让群众误以为费用政府全包。注重方式方法。要充分发挥传统媒体和新媒体作用，创新宣传方式，丰富宣传载体，开展多方位、多角度宣传。积极依托社会力量，发挥志愿者、形象大使等作用，培养和发展宣传力量。

同志们，乘风破浪潮头立，扬帆起航正当时。加快建立长期护理保险制度改革的号角已经吹响。医保系统要充分认清此项工作的全局性、必要性和紧迫性，以坚如磐石的信心、只争朝夕的劲头、时不我待的干劲，提速高效落实各项工作，以长期护理保险制度加快落地、高质量发展，为实现中国式现代化交上长护答卷、做出长护贡献！

重要文件

# 国家医保局　财政部关于扩大长期护理保险制度试点的指导意见

## （医保发〔2020〕37号）

各省、自治区、直辖市人民政府，国务院有关部委、直属机构：

探索建立长期护理保险制度，是党中央、国务院为应对人口老龄化、健全社会保障体系作出的一项重要部署。近年来，部分地方积极开展长期护理保险制度试点，在制度框架、政策标准、运行机制、管理办法等方面进行了有益探索，取得初步成效。为贯彻落实党中央、国务院关于扩大长期护理保险制度试点的决策部署，进一步深入推进试点工作，经国务院同意，现提出以下意见。

## 一、总体要求

（一）指导思想。以习近平新时代中国特色社会主义思想为指导，全面贯彻党的十九大和十九届二中、三中、四中全会精神，坚持以人民健康为中心，深入探索建立适应我国国情的长期护理保险制度，进一步健全更加公平更可持续的社会保障体系，不断增强人民群众在共建共享发展中的获得感、幸福感、安全感。

（二）基本原则。坚持以人为本，重点解决重度失能人员长期护理保障问题。坚持独立运行，着眼于建立独立险种，独立设计、独立推进。坚持保障基本，低水平起步，以收定支，合理确定保障范围和待遇标准。坚持责任共担，合理划分筹资责任和保障责任。坚持机制创新，探索可持续发展的运行机制，提升保障效能和管理水平。坚持统筹协调，做好与相关社会保障制度及商业保险的功能衔接。

（三）工作目标。探索建立以互助共济方式筹集资金、为长期失能人员的基本生活照料和与之密切相关的医疗护理提供服务或资金保障的社会保险制度。力争在"十四五"期间，基本形成适应我国经济发展水平和老龄化发展趋势的长期护理保险制度政策框架，推动建立健全满足群众多元需求的多层次长期护理保障制度。

## 二、基本政策

（四）参保对象和保障范围。试点阶段从职工基本医疗保险参保人群起步，重点解决重度失能人员基本护理保障需求，优先保障符合条件的失能老年人、重度残疾人。有条件的地方可随试点探索深入，综合考虑经济发展水平、资金筹集能力和保障需要等因素，逐步扩大参保对象范围，调整保障范围。

（五）资金筹集。探索建立互助共济、责任共担的多渠道筹资机制。科学测算基本护理服务相应的资金需求，合理确定本统筹地区年度筹资总额。筹资以单位和个人缴费为主，单位和个人缴费原则上按同比例分担，其中单位缴费基数为职工工资总额，起步阶段可从其缴纳的职工基本医疗保险费中划出，不增加单位负担；个人缴费基数为本人工资收入，可由其职工基本医疗保险个人账户代扣代缴。有条件的地方可探索通过财政等其他筹资渠道，对特殊困难退休职工缴费给予适当资助。建立与经济社会发展和保障水平相适应的筹资动态调整机制。

（六）待遇支付。长期护理保险基金主要用于支付符合规定的机构和人员提供基本护理服务所发生的费用。经医疗机构或康复机构规范诊疗、失能状态持续 6 个月以上，经申请通过评估认定的失能参保人员，可按规定享受相关待遇。根据护理等级、服务提供方式等不同实行差别化待遇保障政策，鼓励使用居家和社区护理服务。对符合规定的护理服务费用，基金支付水平总体控制在 70% 左右。做好长期护理保险与经济困难的高龄、失能老年人补贴以及重度残疾人护理补贴等政策的衔接。

## 三、管理服务

（七）基金管理。长期护理保险基金管理参照现行社会保险基金有关制度执行。基金单独建账，单独核算。建立健全基金监管机制，创新基金监管手段，完善举报投诉、信息披露、内部控制、欺诈防范等风险管理制度，确保基金安全。

（八）服务管理。进一步探索完善对护理服务机构和从业人员的协议管理和监督稽核等制度。做好参保缴费和待遇享受等信息的记录和管理。建立健全长期护理保险管理运行机制，明确保障范围、相关标准及管理办法。引入和完善第三方监管机制，加强对经办服务、护理服务等行为的监管。加强费用控制，实行预算管理，探索适宜的付费方式。

（九）经办管理。引入社会力量参与长期护理保险经办服务，充实经办力量。同步建立绩效评价、考核激励、风险防范机制，提高经办管理服务能力和效率。健全经办规程和服务标准，优化服务流程，加强对委托经办机构的协议管理和监督检查。社会力量的经办服务费，可综合考虑服务人口、机构运行成本、工作绩效等因素，探索从长期护理保险基金中按比例或按定额支付，具体办法应在经办协议中约定。加快长期护理保险系统平台建设，推进"互联网＋"等创新技术应用，逐步实现与协议护理服务机构以及其他行业领域信息平台的信息共享和互联互通。

## 四、组织实施

（十）扩大试点范围。人力资源社会保障部原明确的试点城市和吉林、山东2个重点联系省份按本意见要求继续开展试点，其他未开展试点的省份可新增1个城市开展试点，于今年内启动实施，试点期限2年。未经国家医保局和财政部同意，各地不得自行扩大试点范围。

（十一）强化组织领导。各省级人民政府要高度重视长期护理保险制度试点工作，加强对试点城市的指导。试点城市要成立试点工作领导小组，加强部门协调，共同推进试点工作有序开展。新开展试点城市要按照本意见要求编制试点实施方案，报省级医疗保障、财政部门批准并报国家医保局和财政部备案后启动实施。已开展试点地区要按照本意见要求进一步深入推进试点工作，完善政策框架，加强长期护理服务体系建设。

（十二）完善工作机制。省级以上医疗保障部门要明确专人负责长期护理保险试点工作，会同有关部门建立健全工作督导机制，跟踪指导试点进展，并按要求报送运行数据和试点情况。要建立健全评估考核机制，及时研究试点中的新情况新问题，总结好的经验做法，加强横向交流，确保试点工作均衡推进。统筹协调社会各方资源，加强协作咨询，推动试点工作稳步向好发展。试点中的政策调整或其他重大事项，省级医疗保障、财政部门要及时向国家医保局和财政部报告。

（十三）加强宣传引导。各地、各有关部门要加强宣传工作，做好政策解读，及时回应社会关切，合理引导预期。充分调动各方面支持配合试点工作的积极性和主动性，凝聚社会共识，为试点顺利推进构建良好社会氛围。

附件：长期护理保险制度试点城市名单

国家医保局

财政部

2020 年 9 月 10 日

**附件**

## 长期护理保险制度试点城市名单

| 序号 | 省份 | 试点城市 |
|---|---|---|
| 一、新增试点城市 | | |
| 1 | 北京市 | 石景山区 |
| 2 | 天津市 | 天津市 |
| 3 | 山西省 | 晋城市 |
| 4 | 内蒙古自治区 | 呼和浩特市 |
| 5 | 辽宁省 | 盘锦市 |
| 6 | 福建省 | 福州市 |
| 7 | 河南省 | 开封市 |
| 8 | 湖南省 | 湘潭市 |
| 9 | 广西壮族自治区 | 南宁市 |
| 10 | 贵州省 | 黔西南布依族苗族自治州 |
| 11 | 云南省 | 昆明市 |
| 12 | 陕西省 | 汉中市 |
| 13 | 甘肃省 | 甘南藏族自治州 |
| 14 | 新疆维吾尔自治区 | 乌鲁木齐市 |
| 二、原有试点城市 | | |
| 1 | 河北省 | 承德市 |
| 2 | 吉林省 | 长春市、吉林市、通化市、松原市、梅河口市、珲春市 |
| 3 | 黑龙江省 | 齐齐哈尔市 |
| 4 | 上海市 | 上海市 |
| 5 | 江苏省 | 苏州市、南通市 |
| 6 | 浙江省 | 宁波市 |
| 7 | 安徽省 | 安庆市 |
| 8 | 江西省 | 上饶市 |
| 9 | 山东省 | 济南市、青岛市、淄博市、枣庄市、东营市、烟台市、潍坊市、济宁市、泰安市、威海市、日照市、临沂市、德州市、聊城市、滨州市、菏泽市 |
| 10 | 湖北省 | 荆门市 |
| 11 | 广东省 | 广州市 |
| 12 | 重庆市 | 重庆市 |
| 13 | 四川省 | 成都市 |
| 14 | 新疆生产建设兵团 | 石河子市 |

# 国家医保局办公室　民政部办公厅
# 关于印发《长期护理失能等级评估标准（试行）》
# 的通知

## （医保办发〔2021〕37号）

有关省、自治区、直辖市及新疆生产建设兵团医保局、民政厅（局）：

为贯彻落实《国家医保局　财政部关于扩大长期护理保险制度试点的指导意见》（医保发〔2020〕37号，以下简称"37号文件"），稳步推进长期护理保险制度试点，协同促进养老服务体系建设，国家医保局会同民政部拟制了《长期护理失能等级评估标准（试行）》（以下简称《评估标准（试行）》），现印发给你们，请按要求指导长期护理保险制度试点城市做好试行工作。

各试点地区要从促进标准统一性、待遇均衡性、制度公平性方面充分认识统一规范长期护理失能等级评估工作的重要性，加强对《评估标准（试行）》的实施应用。37号文件明确的14个新增试点城市参照执行《评估标准（试行）》，原有试点城市参照完善地方标准，原则上自本通知印发之日起两年内统一到《评估标准（试行）》上来。试点城市可根据试点实际情况，对《评估标准（试行）》进行细化完善。

试点地区各级医保部门和民政部门要建立协作机制，加强协调配合。探索建立评估结果跨部门互认机制，对医保部门评估符合长期护理保险待遇享受条件的失能老年人，民政部门在给予护理补贴、指导养老机构开展入院评估时，探索采信医保部门评定结果。探索建立评估数据共享机制，在确保评估对象个人信息等数据安全的前提下，定期沟通调度，实现评估数据共享。协同探索建立评估效果的评价机制，研究新情况新问题，总结好经验好做法，及时反馈评估中遇到的困难和问题。

特此通知。

国家医保局办公室

民政部办公厅

2021 年 7 月 16 日

# 长期护理失能等级评估标准
## （试行）

### 1. 范围

本标准规定了长期护理失能等级评估的术语和定义、评估指标、评估实施及评估结果等。

本标准适用于指导长期护理保险制度试点地区医疗保障部门开展的长期护理保险失能等级评估。长期护理保险制度试点地区民政部门老年人护理补贴发放对象资格认定，以及养老机构老年人入住评估可参考使用。

### 2. 术语和定义

下列术语和定义适用于本标准。

#### 2.1 失能

因年老、疾病、伤残等原因，导致人体的某些功能部分或全部丧失，从而正常的活动能力受到限制或缺失。

#### 2.2 长期护理

指在持续一段时间内给失能人员提供一系列基本生活照料和与之密切相关的医疗护理。

#### 2.3 长期护理失能等级评估

依据本标准，对评估对象日常生活活动、认知、感知觉与沟通等方面的能力丧失程度的分级评估。

#### 2.4 日常生活活动能力

个体为独立生活而每天必须反复进行的、最基本的、具有共同性的身体动作群，即进行衣、食、住、行、个人卫生等日常生活活动的基本动作和技巧。

#### 2.5 认知能力

个体在认知功能方面的表现，即在时间定向、人物定向、空间定向及记忆等方面的能力。

### 2.6 感知觉与沟通能力

个体在视力、听力及与他人有效地沟通交流等方面的能力。

## 3. 评估指标

### 3.1 一级指标

一级指标共 3 个，包括日常生活活动能力、认知能力、感知觉与沟通能力。

### 3.2 二级指标

二级指标共 17 个（详见表 1）。日常生活活动能力包括 10 个二级指标，认知能力包括 4 个二级指标，感知觉与沟通能力包括 3 个二级指标。

表 1    长期护理失能等级评估指标

| 一级指标 | 二级指标 |
| --- | --- |
| 日常生活活动能力 | 进食、穿衣、面部与口腔清洁、大便控制、小便控制、用厕、平地行走、床椅转移、上下楼、洗澡 |
| 认知能力 | 时间定向、人物定向、空间定向、记忆力 |
| 感知觉与沟通能力 | 视力、听力、沟通能力 |

## 4. 评估实施

### 4.1 评估主体

长期护理保险定点评估机构及其评估人员，或其他符合试点地区医保部门相关规定的、具备相应资质的评估机构及评估人员等。

### 4.2 评估对象

提出评估申请、符合试点地区医保部门相关规定并通过受理审核的长期护理保险参保人员。

### 4.3 评估地点

按照就近便利原则，现场评估地点安排在评估对象现居住地或其所在养老服务机构、医疗机构等。

### 4.4 评估流程

主要包括评估申请、受理审核、现场评估、复核与结论、公示与送达等环节。

### 4.5 评估要求

现场评估过程中，至少 2 名评估人员开展评估，至少 1 名评估对象的监护人或代理人在场，并进行全过程影像记录。

## 5. 评估结果

### 5.1 指标得分

日常生活活动能力通过 10 个二级指标的评定，将其得分相加得到一级指标总分及对应等级；认知能力通过 4 个二级指标的评定，将其得分相加得到一级指标总分及对应等级；感知觉与沟通能力通过 3 个二级指标的评定，将其得分相加得到一级指标总分及对应等级（详见表 2）。

表 2　长期护理失能等级评估指标得分及对应等级

| 一级指标 \ 等级 | 能力完好 | 轻度受损 | 中度受损 | 重度受损 |
|---|---|---|---|---|
| 日常生活活动能力 | 100 分 | 65～95 分 | 45～60 分 | 0～40 分 |
| 认知能力 | 16 分 | 4～15 分 | 2～3 分 | 0～1 分 |
| 感知觉与沟通能力 | 12 分 | 4～11 分 | 2～3 分 | 0～1 分 |

### 5.2 等级划分

综合日常生活活动能力、认知能力、感知觉与沟通能力 3 个一级指标等级，通过组合法综合确定评估对象长期护理失能等级。长期护理失能等级分 0 级（基本正常）、1 级（轻度失能）、2 级（中度失能）、3 级（重度失能Ⅰ级）、4 级（重度失能Ⅱ级）、5 级（重度失能Ⅲ级）六个级别（详见表 3）。

表 3　长期护理失能等级划分

| 日常生活活动能力 | 认知能力/感知觉与沟通能力（以失能等级严重的判断） | | | |
|---|---|---|---|---|
| | 能力完好 | 轻度受损 | 中度受损 | 重度受损 |
| 能力完好 | 基本正常 | 基本正常 | 轻度失能 | 轻度失能 |

| 日常生活活动能力 | 认知能力/感知觉与沟通能力（以失能等级严重的判断） | | | |
|---|---|---|---|---|
| | 能力完好 | 轻度受损 | 中度受损 | 重度受损 |
| 轻度受损 | 轻度失能 | 轻度失能 | 轻度失能 | 中度失能 |
| 中度受损 | 中度失能 | 中度失能 | 中度失能 | 重度Ⅰ级 |
| 重度受损 | 重度Ⅰ级 | 重度Ⅰ级 | 重度Ⅱ级 | 重度Ⅲ级 |

### 5.3 评估结论

长期护理失能等级确定后按规定向评估对象出具评估结论，评估结论是享受长期护理保险待遇的依据。符合待遇享受条件的，根据护理需求，选择护理服务方式、定点护理服务机构等，接受护理服务，享受相应待遇。

## 6. 评估表说明

### 6.1 表 A 长期护理失能等级评估申请表

包括评估对象基本信息、申请人相关信息等内容，用于申请人（评估对象或其监护人、代理人）提出评估申请时填写。

### 6.2 表 B 长期护理失能等级自评表

包括进食、穿衣、大小便控制、用厕、洗澡及床椅转移等项目，用于评估对象或其监护人、代理人自行评估，当达到规定等级时方可申请长期护理失能等级评估。

### 6.3 表 C 长期护理失能等级评估表

包括表 C1 日常生活活动能力评估表、表 C2 认知能力评估表、表 C3 感知觉与沟通能力评估表，用于评估人员对评估对象开展长期护理失能等级评估。

### 6.4 表 D 长期护理综合失能等级划分表

包括长期护理失能等级评估指标得分及等级划分等内容，用于最终判定长期护理失能等级。

## 表 A　长期护理失能等级评估申请表

<table>
<tr>
<td rowspan="11">评估对象基本信息</td>
<td>姓　名</td>
<td></td>
<td>身份证号</td>
<td></td>
</tr>
<tr>
<td>性　别</td>
<td></td>
<td>年　龄</td>
<td></td>
</tr>
<tr>
<td>民　族</td>
<td></td>
<td>参保地</td>
<td></td>
</tr>
<tr>
<td>失能时间（月）</td>
<td></td>
<td>是否经过康复治疗</td>
<td>□是，治疗月数__月<br>□否</td>
</tr>
<tr>
<td>是否首次申请</td>
<td>□是　□否</td>
<td>联系电话</td>
<td></td>
</tr>
<tr>
<td>保障方式</td>
<td colspan="3">□职工基本医疗保险　□城乡居民基本医疗保险　□特困供养<br>□最低生活保障　　　□其他：</td>
</tr>
<tr>
<td>文化程度</td>
<td colspan="3">□文盲　□小学　□中学（含中专）　□大学（含大专）及以上</td>
</tr>
<tr>
<td>居住状况</td>
<td colspan="3">□独居　□与配偶/伴侣居住　□与子女居住　□与父母居住<br>□与兄弟姐妹居住　　　□与其他亲属居住<br>□与非亲属关系的人居住　□养老机构　□医院</td>
</tr>
<tr>
<td>居住地址</td>
<td colspan="3">_____省_____市_____区/县_____街道/乡（村）_____</td>
</tr>
<tr>
<td>照护者</td>
<td colspan="3">当需要帮助时（包括患病时），谁能来照料：<br>□配偶　□子女　□亲友　□保姆　□护工<br>□医疗人员　　□没有任何人　　□其他：</td>
</tr>
<tr>
<td rowspan="4">申请人相关信息</td>
<td>姓　名</td>
<td></td>
<td>与评估对象关系</td>
<td>□配偶　□子女<br>□其他亲属<br>□雇佣照护者<br>□本人　□其他</td>
</tr>
<tr>
<td>联系电话</td>
<td></td>
<td>身份证号</td>
<td></td>
</tr>
<tr>
<td>联系地址</td>
<td colspan="3">_____省_____市_____区/县_____街道/乡（村）_____</td>
</tr>
<tr>
<td>承诺事项</td>
<td colspan="4">以上情况和所提供材料均真实有效，且同意将评估结果在一定范围内公示。如有不实，本人愿意承担相应法律责任。<br>申请人（签字）：　　　　　　　　　　　　年　月　日</td>
</tr>
<tr>
<td colspan="2">经办机构（含受托第三方）受理事项</td>
<td colspan="4"></td>
</tr>
</table>

表 B 　长期护理失能等级自评表

| 项目 | 独立（2） | 部分独立（1）<br>（需要帮助） | 依赖（0） | 选项 |
|---|---|---|---|---|
| 进食 | 独立<br>无须帮助 | 部分独立<br>自己能吃，但需辅助 | 不能独立完成<br>部分或全部靠喂食或鼻饲 | |
| 穿衣 | 独立，无须帮助<br>能独立拿取衣服，穿上并扣好 | 部分独立<br>能独立拿取衣服及穿上，需帮助系鞋带 | 不能独立完成<br>完全不能穿，要靠他人拿衣穿衣或自己穿上部分 | |
| 大小便控制 | 独立<br>自己能够完全控制 | 部分独立<br>偶尔失控 | 不能自控<br>失控，需帮助处理大小便（如导尿、灌肠等） | |
| 用厕 | 独立，无须帮助<br>能独立用厕、便后拭净及整理衣裤（可用手杖、助步器或轮椅，能处理尿壶、便盆） | 不能独立完成<br>需要帮助用厕、做便后处理（清洁、整理衣裤）及处理尿壶、便盆 | 不能独立完成<br>不能用厕 | |
| 洗澡 | 独立，无须帮助<br>自己能进出浴室（淋浴、盆浴），独立洗澡 | 部分独立<br>需帮助洗一部分（背部或腿） | 不能独立完成<br>不能洗澡，或大部分需帮助洗 | |
| 床椅转移 | 独立，无须帮助<br>自己能下床，坐上及离开椅、凳（可用手杖或助步器） | 不能独立完成<br>需帮助上、下床椅 | 不能独立完成<br>卧床不起 | |
| 综合 | 自评失能等级为：_____级 | | | |
| 说明 | 进食、大小便控制、洗澡为 a 类，穿衣、用厕、床椅转移为 b 类。<br><br>A 级：a 类 b 类所有项目均独立；B 级：a 类 1 项或 b 类 1~2 项依赖；<br>C 级：a 类 b 类各 1 项或 b 类 3 项依赖；D 级：a 类 2 项或 a 类 1 项 b 类 2 项依赖；<br>E 级：a 类 3 项依赖或 a 类 2 项 b 类 1~2 项依赖或 a 类 1 项 b 类 3 项依赖；<br>F 级：a 类 3 项 b 类 1~2 项依赖或 a 类 2 项 b 类 3 项依赖；<br>G 级：a 类 b 类所有项目均依赖。<br><br>此表由评估对象或其监护人、代理人自行评估，当等级达到 E 级、F 级、G 级时方可申请长期护理失能等级评估。 | | | |

## 表 C　长期护理失能等级评估表
### 表 C1　日常生活活动能力评估表

| 序号 | 指标 | 分值 | 评估标准 | 得分 |
|---|---|---|---|---|
| 1 | 进食 | 0 | 较大或完全依赖，或有留置营养管 | |
| | | 5 | 需部分帮助（夹菜、盛饭） | |
| | | 10 | 自理（在合理时间内能独立使用餐具进食各种食物，可使用辅助工具独立完成进食，但不包括做饭） | |
| 2 | 穿衣 | 0 | 依赖他人 | |
| | | 5 | 需要部分帮助（能自己穿脱衣服或假肢或矫形器，但需他人帮助整理衣物、系扣/鞋带、拉拉链等） | |
| | | 10 | 自理（自己系开纽扣，关开拉链和穿鞋、袜、假肢或矫形器等） | |
| 3 | 面部与口腔清洁 | 0 | 需要帮助 | |
| | | 5 | 独立洗脸、梳头、刷牙、剃须（不包括准备洗脸水、梳子、牙刷等准备工作） | |
| 4 | 大便控制 | 0 | 失禁（平均每周≥1次或完全不能控制大便排泄，需要完全依赖他人） | |
| | | 5 | 偶有失禁（每周<1次），或需要他人提示或便秘需要人工帮助取便 | |
| | | 10 | 能控制 | |
| 5 | 小便控制 | 0 | 失禁（平均每天≥1次或经常尿失禁，完全需要他人帮忙完成排尿行为；或留置导尿管，但无法自行管理导尿管） | |
| | | 5 | 偶有失禁（每24h<1次，但每周>1次，或需要他人提示） | |
| | | 10 | 能控制（或留置导尿管，可自行管理导尿管） | |

续表

| 序号 | 指标 | 分值 | 评估标准 | 得分 |
|---|---|---|---|---|
| 6 | 用厕 | 0 | 需要极大地帮助或完全依赖他人 | |
| | | 5 | 需部分帮助（需他人帮忙整理衣裤、坐上/蹲上便器等） | |
| | | 10 | 自理（能够使用厕纸、穿脱裤子等） | |
| 7 | 平地行走 | 0 | 卧床不起、不能步行、移动需要完全帮助 | |
| | | 5 | 在较大程度上依赖他人搀扶（≥2人）或依赖他人帮助使用轮椅等辅助工具才能移动 | |
| | | 10 | 需少量帮助（需1人搀扶或需他人在旁提示或在他人帮助下使用辅助工具） | |
| | | 15 | 独立步行（自行使用辅助工具，在家及附近等日常生活活动范围内独立步行） | |
| 8 | 床椅转移 | 0 | 完全依赖他人，不能坐 | |
| | | 5 | 需大量帮助（至少2人，身体帮助），能坐 | |
| | | 10 | 需少量帮助（1人搀扶或使用拐杖等辅助工具或扶着墙、周围设施，转移时需他人在旁监护、提示） | |
| | | 15 | 自理 | |
| 9 | 上下楼 | 0 | 不能，或需极大帮助或完全依赖他人 | |
| | | 5 | 需要部分帮助（需扶着楼梯、他人搀扶、使用拐杖或需他人在旁提示） | |
| | | 10 | 独立上下楼（可借助电梯等，如果使用支具，需可独自完成穿、脱动作） | |
| 10 | 洗澡 | 0 | 洗澡过程中需他人帮助 | |
| | | 5 | 准备好洗澡水后，可自己独立完成 | |

上述评估指标总分为100分，本次评估得分为_____分

评估人员（签章）：1.　　　　　　　　2.

## 表 C2　认知能力评估表

| 序号 | 指标 | 分值 | 评估标准 | 得分 |
|---|---|---|---|---|
| 11 | 时间定向 | 0 | 无时间观念 | |
| | | 1 | 时间观念很差，年、月、日不清楚，可知上午、下午或白天、夜间 | |
| | | 2 | 时间观念较差，年、月、日不清楚，可知上半年或下半年或季节 | |
| | | 3 | 时间观念有些下降，年、月、日（或星期几）不能全部分清（相差两天或以上） | |
| | | 4 | 时间观念（年、月）清楚，日期（或星期几）可相差一天 | |
| 12 | 人物定向 | 0 | 不认识任何人（包括自己） | |
| | | 1 | 只认识自己或极少数日常同住的亲人或照护者等 | |
| | | 2 | 能认识一半日常同住的亲人或照护者等，能称呼或知道关系等 | |
| | | 3 | 能认识大部分共同生活居住的人，能称呼或知道关系 | |
| | | 4 | 认识长期共同一起生活的人，能称呼并知道关系 | |
| 13 | 空间定向 | 0 | 不能单独外出，无空间观念 | |
| | | 1 | 不能单独外出，少量知道自己居住或生活所在地的地址 | |
| | | 2 | 不能单独外出，但知道较多有关自己日常生活的地址 | |
| | | 3 | 不能单独外出，但能准确知道自己日常生活所在地的地址 | |
| | | 4 | 能在日常生活范围内单独外出，如在日常居住小区内独自外出购物等 | |
| 14 | 记忆力 | 0 | 完全不能回忆即时信息，并且完全不能对既往事物进行正确的回忆 | |
| | | 1 | 对既往事物能有少部分正确的回忆，没有近期记忆 | |
| | | 2 | 能回忆大部分既往事物，记住 1 个词语 | |
| | | 3 | 能回忆大部分既往事物，记住 2 个词语 | |
| | | 4 | 能够完整回忆既往事物，记住 3 个词语 | |
| 上述评估项目总分为16分，本次评估得分为_____分 | | | | |
| 评估人员（签章）：1.　　　　　　　　　2. | | | | |

## 表 C3  感知觉与沟通能力评估表

| 序号 | 指标 | 分值 | 评估标准 | 得分 |
|---|---|---|---|---|
| 15 | 视力 | 0 | 完全失明 | |
| | | 1 | 只能看到光、颜色和形状（大致轮廓），眼睛可随物体移动 | |
| | | 2 | 视力有限，看不清报纸大标题，但能辨认较大的物体 | |
| | | 3 | 能看清楚大字体，但看不清书报上的标准字体，辨别小物体有一定困难 | |
| | | 4 | 与日常生活能力相关的视力（如阅读书报、看电视等）基本正常 | |
| 16 | 听力 | 0 | 完全失聪 | |
| | | 1 | 讲话者大声说话或说话很慢，才能部分听见 | |
| | | 2 | 正常交流有些困难，需在安静的环境大声说话才能听到 | |
| | | 3 | 在轻声说话或说话距离超过 2 米时听不清 | |
| | | 4 | 与日常生活习惯相关的听力基本正常（如能听到门铃、电视、电话等声音） | |
| 17 | 沟通能力 | 0 | 完全不能理解他人的言语，也无法表达 | |
| | | 1 | 不能完全理解他人的话，只能以简单的单词或手势表达大概意愿 | |
| | | 2 | 勉强可与他人交流，谈吐内容不清楚，需频繁重复或简化口头表达 | |
| | | 3 | 能够表达自己的需要或理解他人的话，但需要增加时间或给予帮助 | |
| | | 4 | 无困难，能与他人正常沟通和交流 | |
| 上述评估项目总分为12分，本次评估得分为_____分 | | | | |
| 评估人员（签章）：1.                    2. | | | | |

**表 D　长期护理综合失能等级划分表**

| 长期护理失能等级评估指标得分及对应等级 | | | | |
|---|---|---|---|---|
| 一级指标 | 能力完好 | 轻度受损 | 中度受损 | 重度受损 |
| 日常生活活动能力 | 100 分 | 65 ~ 95 分 | 45 ~ 60 分 | 0 ~ 40 分 |
| 认知能力 | 16 分 | 4 ~ 15 分 | 2 ~ 3 分 | 0 ~ 1 分 |
| 感知觉与沟通能力 | 12 分 | 4 ~ 11 分 | 2 ~ 3 分 | 0 ~ 1 分 |
| 表 C2/ 表 C3 失能等级　　表 C1 失能等级 | 表 C2/ 表 C3（以失能等级严重的判断） | | | |
| | 能力完好 | 轻度受损 | 中度受损 | 重度受损 |
| 能力完好 | 0 级 | 0 级 | 1 级 | 1 级 |
| 轻度受损 | 1 级 | 1 级 | 1 级 | 2 级 |
| 中度受损 | 2 级 | 2 级 | 2 级 | 3 级 |
| 重度受损 | 3 级 | 3 级 | 4 级 | 5 级 |
| 长期护理 失能等级对应 | 0 级：基本正常　　　　　　1 级：轻度失能 2 级：中度失能　　　　　　3 级：重度失能 I 级 4 级：重度失能 II 级　　　　5 级：重度失能 III 级 | | | |

# 国家医保局 财政部关于印发《长期护理保险失能等级评估管理办法（试行）》的通知

（医保发〔2023〕29 号）

有关省、自治区、直辖市及新疆生产建设兵团医保局、财政厅（局）：

为加强长期护理保险失能等级评估管理，保障参保人合法权益，根据《国家医保局 财政部关于扩大长期护理保险制度试点的指导意见》（医保发〔2020〕37 号），国家医保局、财政部联合制定了《长期护理保险失能等级评估管理办法（试行）》，现印发给你们，请认真贯彻落实。

国家医保局

财政部

2023 年 12 月 1 日

# 长期护理保险失能等级评估管理办法（试行）

## 第一章 总 则

第一条 为加强长期护理保险失能等级评估管理，保障参保人合法权益，根据《国家医保局 财政部关于扩大长期护理保险制度试点的指导意见》（医保发〔2020〕37号），制定本办法。

第二条 本办法适用于长期护理保险制度试点地区长期护理保险失能等级评估工作。

第三条 本办法所称失能等级评估，是指依据《长期护理失能等级评估标准（试行）》，对评估对象日常生活活动、认知、感知觉与沟通等方面的能力丧失程度的分级评估。依本办法作出的评估结论是长期护理保险基金支付待遇的必要依据。

第四条 失能等级评估管理应遵循公平公开、科学规范、权责明晰、高效便民的原则，不断提升评估管理专业化水平，促进评估行业发展，为参保人提供客观公正的评估服务。

第五条 国家医疗保障行政部门商财政部门拟定失能等级评估有关管理办法。国家医疗保障经办机构依据本办法制定经办规程，明确评估操作程序，拟定评估服务协议范本，指导地方做好失能等级评估相关经办管理服务等工作。

省级医疗保障部门负责指导统筹地区医疗保障部门，在本办法基础上，根据实际情况制定实施细则。统筹地区医疗保障经办机构负责具体管理工作的组织实施。

## 第二章 定点评估机构

第六条 长期护理保险失能等级评估机构实行定点管理。定点评估机构是指纳入统筹地区长期护理保险失能等级评估机构定点管理，依照有关规定对长期护理保险参保人开展失能等级评估的机构。

第七条　统筹地区医疗保障经办机构与定点评估机构签订评估服务协议，明确双方的责任、权利和义务。

第八条　定点评估机构应严格履行评估服务协议，加强内部建设，优化服务，提升人员素质能力，强化质量控制，确保评估质量和评估结论准确性。

第九条　定点评估机构不得同时承担依评估结论而开展的长期护理服务工作，不得同时承担长期护理保险经办工作。

第十条　鼓励支持发展独立的评估机构。暂不具备实施条件的，可依托医疗机构、劳动能力鉴定机构、商业保险机构等实施评估。随制度健全完善，逐步向独立的评估机构实施评估形式过渡。

## 第三章　评估人员

第十一条　评估人员是指符合一定条件，经专门培训合格，具体实施失能等级评估的专业人员。

评估人员包括评估员和评估专家。评估员负责采集评估信息，协助开展现场评估。评估专家负责开展现场评估，提出评估结论；承担复评工作；依据护理服务需求提出护理服务计划建议。

第十二条　评估员应具备以下基本条件：

（一）具备医学、护理、康复、心理、长期照护、养老服务与管理等相关专业背景，从事相关专业工作 2 年（含）以上；

（二）参加规范化培训并考核合格，掌握长期护理失能等级评估标准，熟悉评估操作要求；

（三）具有良好的职业道德和操守，在工作中能够做到遵纪守法、廉洁自律、客观公正，相关行业领域无不良信用信息记录。

评估专家除须具备上述第（二）项、第（三）项条件外，还应具有临床医学、护理、康复、精神心理等领域中级及以上职称和 2 年（含）以上相关工作经历。

第十三条　统筹地区医疗保障部门应建立评估人员库，完善档案制度，规范人员管理。定期组织考核，明确准入退出机制。

第十四条　统筹地区医疗保障部门应会同有关部门建立健全评估人员规范化培训机制，自行组织或探索委托第三方机构等组织做好评估人员培训，提升人员队伍专业化水平。

第十五条　评估人员应严格执行评估操作规范要求，独立、客观、公正地开展评估工作。与评估对象有亲属或利害关系的，应当回避。

## 第四章　评估标准

第十六条　国家医疗保障行政部门商财政部门制定全国统一的失能等级评估标准，明确评估量表、评估指标、等级划分等，并适时调整。探索建立评估结果跨部门互认机制。

第十七条　统筹地区医疗保障部门统一执行《长期护理失能等级评估标准（试行）》和《长期护理保险失能等级评估操作指南（试行）》。

## 第五章　评估流程

第十八条　失能等级评估流程主要包括评估申请、受理审核、现场评估、提出结论、公示与送达等环节。

第十九条　评估申请。评估对象或其监护人、委托代理人自愿向统筹地区医疗保障经办机构提出评估申请，提交相关材料。统筹地区医疗保障经办机构应建立方便群众办事的多元化申请受理渠道。

第二十条　受理审核。统筹地区医疗保障经办机构收到评估申请后，应及时对申请材料进行审核，反馈受理审核结果。

有下列情形的，不予受理失能等级评估申请：

1. 未参加长期护理保险的；

2. 不符合待遇享受条件的；

3. 发生护理服务费用不属于长期护理保险基金支付范围的；

4. 申报材料不全或提供虚假材料的；

5. 其他长期护理保险不予受理评估申请的情形。

第二十一条　现场评估。审核通过后，统筹地区医疗保障经办机构应组织定点评估机构开展评估工作。原则上应有至少 2 名评估人员上门，其中至少有 1 名评估专家。现场评估人员依据失能等级评估标准和评估操作指南，采集信息，开展评估。须有至少 1 名评估对象的监护人或委托代理人在场。

同时，可在邻里、社区等一定范围内走访调查评估对象的基本生活自理情况，做好调查笔录和视频录像，并参考医院住院病历或诊断书等相关资料，作为提出评估结论的佐证资料。

第二十二条　提出结论。现场评估人员可直接提出评估结论的，由现场评估人员提出评估结论。现场评估人员不能直接提出评估结论的，由定点评估机构组织评估专家依据现场采集信息，提出评估结论。

评估结论应经过至少 2 名评估专家的评估确认。

第二十三条　公示与送达。评估结论达到待遇享受条件对应失能等级的，定点评估机构和统筹地区医疗保障经办机构应当在一定范围内公示评估结论，接受社会监督。

不符合待遇享受条件的，或符合待遇享受条件经公示无异议的，定点评估机构出具评估结论书。统筹地区医疗保障经办机构向评估对象或其监护人、委托代理人送达评估结论书。

第二十四条　评估对象或其监护人、委托代理人应当积极配合开展现场评估工作。有下列情形之一的，评估终止：

1. 拒不接受失能等级评估信息采集的；

2. 无正当理由不配合失能等级评估的；

3. 其他原因导致失能等级评估终止的。

第二十五条　统筹地区医疗保障行政部门可根据失能等级确定评估结论有效期，其中重度失能等级评估结论有效期一般不超过 2 年。

第二十六条　统筹地区医疗保障经办机构应按照便民高效的原则，优化评估经办服务流程，明确办理时限要求，原则上评估结论书应在申请受理之日起 30 个工作日内送达。

# 第六章　其他评估情形

第二十七条　评估对象或其监护人、委托代理人对失能等级评估结论有异议的，可在规定期限内，向统筹地区医疗保障经办机构提出复评申请。复评原则上有不少于 2 名评估专家参加，参加初次评估的定点评估机构和评估人员须回避。复评结论为最终评估结论。

第二十八条　第三人对公示评估结论有异议的，可在公示期内向统筹地区医疗保障经办机构实名反映情况。反映情况基本属实的，统筹地区医疗保障经办机构组织复评。

第二十九条　参保人失能状态发生变化、与评估结论不匹配，评估结论出具满 6 个月的，可向统筹地区医疗保障经办机构申请重新评估。统筹地区医疗保障行政部门、经办机构通过抽查监督等途径，发现参保人当前失能状态发生变化、可能影响待遇享受的，统筹地区医疗保障经办机构应当组织重新评估。

第三十条　评估有效期届满前，统筹地区医疗保障经办机构应组织对需继续享受长期护理保险待遇的参保人进行重新评估。经评估符合待遇享受条件的，有效期届满后重新计算。

# 第七章　监督管理

第三十一条　医疗保障行政部门对定点管理、协议履行、评估实施等进行监督，完善智能审核和监控规则，强化智能监管。医疗保障经办机构加强对定点评估机构评估服务协议履行情况的日常核查，定期对定点评估机构作出的评估结论进行抽查。

第三十二条　定点评估机构及其工作人员、参保人发生违法违规行为造成基金损失的，属于法律、法规和规章规定范畴的，依法给予行政处罚。构成犯罪的，由医疗保障行政部门移送司法机关依法追究刑事责任。定点评估机构违反评估服务协议的，由医疗保障经办机构按协议约定处理。

第三十三条　医疗保障经办机构对协议履行、工作质量等情况定期开展考核评价，考核结果与评估服务协议续签、服务费用支付等挂钩。

## 第八章　附　则

第三十四条　加快全国统一的长期护理保险信息系统实施应用，推动评估全过程信息化。鼓励应用信息化、智能化手段，推动评估工作规范化、标准化。

第三十五条　推动加强行业自律，规范评估行为，促进行业规范和自我约束，引导评估行业健康有序发展。

第三十六条　本办法由国家医疗保障局负责解释，自印发之日起施行。

# 人力资源社会保障部办公厅　国家医疗保障局办公室
# 关于颁布健康照护师（长期照护师）
# 国家职业标准的通知

## （人社厅发〔2024〕14号）

各省、自治区、直辖市及新疆生产建设兵团人力资源社会保障厅（局）、医疗保障局：

根据《中华人民共和国劳动法》有关规定，人力资源社会保障部、国家医疗保障局共同制定了健康照护师（长期照护师）国家职业标准，现予颁布施行。

人力资源社会保障部办公厅

国家医疗保障局办公室

2024年2月2日

**健康照护师（长期照护师）国家职业标准目录**

| 序号 | 职业编码 | 职业名称 |
|------|----------|----------|
| 1 | 4-14-01-03 | 健康照护师（长期照护师） |

# 国家医疗保障局关于印发
# 《长期护理保险失能等级评估机构定点管理办法（试行）》
# 的通知

### （医保发〔2024〕13 号）

有关省、自治区、直辖市及新疆生产建设兵团医疗保障局：

为加强长期护理保险失能等级评估机构定点管理，保障参保人合法权益，根据《国家医保局　财政部关于扩大长期护理保险制度试点的指导意见》（医保发〔2020〕37 号）、《长期护理保险失能等级评估管理办法（试行)》（医保发〔2023〕29 号），制定《长期护理保险失能等级评估机构定点管理办法（试行)》，现印发给你们，请认真贯彻落实。

国家医疗保障局

2024 年 4 月 25 日

# 长期护理保险失能等级评估机构
# 定点管理办法（试行）

## 第一章　总　则

第一条　为加强长期护理保险失能等级评估机构定点管理，保障参保人合法权益，根据《国家医保局　财政部关于扩大长期护理保险制度试点的指导意见》（医保发〔2020〕37号）、《长期护理保险失能等级评估管理办法（试行）》（医保发〔2023〕29号）有关规定，制定本办法。

第二条　本办法适用于长期护理保险制度试点地区长期护理保险失能等级评估机构定点管理工作。

第三条　坚持以人民为中心，遵循公平公正、规范透明、权责明晰、动态平衡的原则，不断提升定点管理效能，促进评估行业有序发展，为参保人提供客观公正的评估服务。

第四条　国家医疗保障行政部门负责制定评估机构定点管理有关规定。国家医疗保障经办机构依据本办法拟定评估服务协议范本，指导地方做好评估机构定点管理服务工作。

省级医疗保障部门在本办法基础上，根据实际情况制定实施细则。统筹地区医疗保障行政部门在申请受理、审核确定、协议订立、协议履行、协议解除等环节对医疗保障经办机构、定点评估机构等的有关行为进行监督。统筹地区医疗保障经办机构负责确定定点评估机构，签订评估服务协议，依评估服务协议进行管理。

## 第二章　定点评估机构确定

第五条　定点评估机构应具备专业性、稳定性、权威性。申请成为定点评估机构，应当同时具备以下基本条件：

（一）已依法登记注册，能够开展失能等级评估工作，正式运营至少3

个月；

（二）具备与评估工作相适应的专业化人员队伍；

（三）具有固定的办公场所，配备符合评估服务协议要求的软、硬件设备和相应管理维护人员；

（四）具备使用全国统一的医保信息平台长期护理保险相关功能的条件；

（五）具有符合评估服务协议要求的服务管理、财务管理、信息统计、内控管理、人员管理、档案管理等制度；

（六）符合法律法规和省级及以上医疗保障行政部门规定的其他条件。

第六条　评估机构可自愿向统筹地区医疗保障经办机构提出定点申请。统筹地区医疗保障经办机构受理申请后，应及时组织初步审核。对申请材料内容不全的，应当一次性告知需补齐的材料；对不符合申请条件的，应当及时告知并说明理由。

第七条　初步审核通过后，统筹地区医疗保障经办机构应根据本办法第五条规定，采取书面查验、现场核查、集体评议等形式，组织对申请机构进行综合审核。

统筹地区医疗保障经办机构应将审核结果向同级医疗保障行政部门备案。审核通过的，应将其纳入拟签订评估服务协议评估机构名单，并向社会公示。审核未通过的，应告知其理由。

第八条　统筹地区医疗保障经办机构与通过审核、公示的评估机构通过协商谈判，自愿签订评估服务协议，并向同级医疗保障行政部门备案。

第九条　统筹地区医疗保障经办机构应向社会公布签订评估服务协议的定点评估机构名单。

第十条　评估机构有下列情形之一的，不予受理定点申请：

（一）采取伪造、篡改申请材料等不正当手段申请定点评估机构，自发现之日起未满3年的；

（二）因违法违规解除评估服务协议未满3年或已满3年但未完全履行行政处罚法律责任的；

（三）因严重违反评估服务协议约定而被解除协议未满1年或已满1年但未完全履行违约责任的；

（四）法定代表人、主要负责人或实际控制人被列入失信人名单的；

（五）法律法规规定的其他不予受理的情形。

第十一条　统筹地区医疗保障行政部门应综合考虑失能人员总体规模、评估行业发展实际、管理服务能力等，合理确定当地定点评估机构数量。

## 第三章　定点评估机构运行管理

第十二条　定点评估机构应当遵守长期护理保险有关政策规定，按照评估服务协议要求，加强内部建设，确保评估质量和评估结论准确性。

第十三条　定点评估机构应建立健全内部质量控制制度，形成部门之间、岗位之间和业务之间相互制衡、相互监督的内控机制。

第十四条　定点评估机构应建立人员管理制度，加强日常管理，规范评估工作行为。按规定组织评估人员参加业务培训，定期组织内部培训，确保评估人员熟悉长期护理保险相关政策、掌握评估技能。

第十五条　定点评估机构应建立评估档案管理制度，按要求做好失能等级评估申请材料、评估过程相关记录、评估结论书、内部管理控制相关记录等档案的留存归档。评估服务协议期限届满或协议终止前应及时将完整档案移交统筹地区医疗保障经办机构。

第十六条　定点评估机构应建立长期护理保险信息安全管理制度，明确信息安全管理责任，确保信息安全。未经医疗保障经办机构书面同意，不得向任何机构或个人提供参保人员隐私信息（法律有规定的除外）。

第十七条　定点评估机构应使用全国统一的医保信息平台长期护理保险失能等级评估相关功能模块和长期护理保险信息业务编码，做好定点评估机构和评估人员编码信息动态维护工作。

第十八条　定点评估机构应配合医疗保障经办机构的日常检查、评估结论抽审、考核评价等工作，接受医疗保障行政部门的监督检查，并按规定提供相关材料。

第十九条　定点评估机构的名称、法定代表人、主要负责人或实际控制人、注册地址、银行账户、经营范围、机构性质等重大信息变更时，应自有关部门批准之日起 30 个工作日内向统筹地区医疗保障经办机构提出变更申请。其他一般信息变更应及时书面告知。信息变更后，定点评估机构不符合本办法规定的，应当解除评估服务协议。

## 第四章　监督管理

第二十条　统筹地区医疗保障经办机构在评估服务协议中应明确定点评估机构退出规则，并明确评估服务协议中止、解除等措施的适用情形、具体处理程序要求等。

第二十一条　统筹地区医疗保障经办机构结合质量管理、投诉举报、日常检查等情况，综合利用信息技术等手段，组织对定点评估机构和评估人员进行履约管理。发现违约行为的，应当按照评估服务协议及时处理。医疗保障经办机构作出中止或解除评估服务协议等处理时，要向同级医疗保障行政部门报备。

第二十二条　统筹地区医疗保障经办机构应组织对定点评估机构开展考核评价，考核结果与评估服务协议续签、服务费用支付等挂钩。考核评价办法由地市级及以上医疗保障行政部门制定。

第二十三条　医疗保障行政部门通过实地检查、抽查、智能监控等方式，对定点评估机构评估行为和协议履行情况等进行监督，对医疗保障经办机构工作进行指导和监督。发现定点评估机构存在违约情形的，应当及时责令医疗保障经办机构按照评估服务协议处理。属于法律、法规和规章规定范畴的，依法给予行政处罚。涉嫌违法犯罪的，依法移送司法机关处理。

第二十四条　医疗保障行政部门和经办机构应拓宽监督途径、创新监督方式，通过满意度调查、第三方评价、聘请社会监督员等方式对定点评估机构进行社会监督，畅通投诉举报渠道，及时发现问题并进行处理。

## 第五章　附　则

第二十五条　依托医疗机构、劳动能力鉴定机构、商业保险机构等实施评估的，对有关机构的管理，参照本办法执行。

逐步按照政府采购有关规定确定定点评估机构。

第二十六条　本办法由国家医疗保障局负责解释，自印发之日起施行。

# 国家医疗保障局办公室关于印发
# 长期护理保险定点服务机构、协议服务人员、
# 医疗保障委托承办服务机构、医疗保障委托承办
# 服务机构工作人员编码规则和方法的通知

## （医保办函〔2024〕79 号）

各省、自治区、直辖市及新疆生产建设兵团医疗保障局：

为加快推进统一的医保信息业务编码标准，形成全国"通用语言"，根据《国家医疗保障局关于印发医疗保障标准化工作指导意见的通知》（医保发〔2019〕39 号）有关要求，制定长期护理保险定点服务机构、协议服务人员、医疗保障委托承办服务机构、医疗保障委托承办服务机构工作人员编码规则和方法，现印发给你们，请认真贯彻执行，并组织完成相关机构及人员的信息维护工作。

国家医保局门户网站"医保信息业务编码标准动态维护"窗口设置了相应维护模块，已向长期护理保险失能等级评估、护理服务等机构开放维护。

特此通知。

附件：1. 长期护理保险定点服务机构编码规则和方法
2. 长期护理保险协议服务人员编码规则和方法
3. 医疗保障委托承办服务机构编码规则和方法
4. 医疗保障委托承办服务机构工作人员编码规则和方法

国家医疗保障局办公室

2024 年 9 月 14 日

## 附件1

### 长期护理保险定点服务机构编码规则和方法

长期护理保险定点服务机构（以下简称"长护险定点服务机构"）编码分3个部分共13位，通过大写英文字母和阿拉伯数字按特定顺序排列表示。其中，第1部分是长护险定点服务机构标识码，第2部分是行政区划代码，第3部分是长护险定点服务机构顺序码。长护险定点服务机构编码结构见图1。

LH　XXXXXX　XXXXX

第3部分：长护险定点服务机构顺序码
第2部分：行政区划代码
第1部分：长护险定点服务机构标识码

**图1　长护险定点服务机构编码结构**

第1部分：长护险定点服务机构标识码，用2位大写英文字母"LH"表示。

第2部分：行政区划代码，采用GB/T 2260中华人民共和国行政区划代码，用6位行政区划数字代码表示。其中，前2位代码表示省级行政区（省、自治区、直辖市），中间2位代码表示市级行政区（市、地区、自治州、盟），后2位代码表示县级行政区（县、自治县、县级市、旗、自治旗、市辖区、林区、地区辖特区）。

第3部分：长护险定点服务机构顺序码，为同一县级行政区下长护险定点服务机构赋予的唯一编码，用5位阿拉伯数字表示。

示例：以注册地在北京市朝阳区"XX养老服务有限公司"为例

LH　110105　00001

第3部分：XX养老服务有限公司
第2部分：北京市朝阳区
第1部分：长护定点服务机构标识码

# 附件 2

## 长期护理保险协议服务人员编码规则和方法

长期护理保险协议服务人员（以下简称"长护险协议服务人员"）编码分 3 个部分共 14 位，通过大写英文字母和阿拉伯数字按特定顺序排列表示。其中，第 1 部分是长护险协议服务人员标识码，第 2 部分是行政区划代码，第 3 部分是长护险协议服务人员顺序码。长护险协议服务人员编码结构见图 1。

```
LN    XXXXXX    XXXXXX
              │              │        ┌─ 第3部分：长护险协议服务人员顺序码
              │              └──────── 第2部分：行政区划代码
              └───────────────────── 第1部分：长护险协议服务人员标识码
```

**图 1    长护险协议服务人员编码结构**

第 1 部分：长护险协议服务人员标识码，用 2 位大写英文字母"LN"表示。

第 2 部分：行政区划代码，采用 GB/T 2260 中华人民共和国行政区划代码，用 6 位行政区划数字代码表示。其中，前 2 位代码表示省级行政区（省、自治区、直辖市），中间 2 位代码表示市级行政区（市、地区、自治州、盟），后 2 位代码表示县级行政区（县、自治县、县级市、旗、自治旗、市辖区、林区、地区辖特区）。

第 3 部分：长护险协议服务人员顺序码，为同一县级行政区下长护险协议服务人员赋予的唯一编码，用 6 位阿拉伯数字表示。

示例：以就职单位注册地在北京市朝阳区长护险协议服务人员"张某"为例

```
LN    110105    000001
              │            │          ┌─ 第3部分：张某
              │            └────────── 第2部分：北京市朝阳区
              └─────────────────────── 第1部分：长护险协议服务人员标识码
```

## 附件3

### 医疗保障委托承办服务机构编码规则和方法

医疗保障委托承办服务机构（以下简称"委托承办机构"）编码分3个部分共10位，通过大写英文字母和阿拉伯数字按特定顺序排列表示。其中，第1部分是委托承办机构标识码，第2部分是行政区划代码，第3部分是委托承办机构顺序码。委托承办机构编码结构见图1。

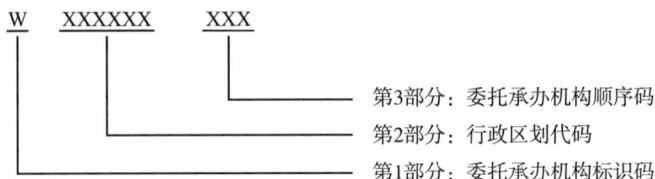

```
W    XXXXXX    XXX
                 └──────── 第3部分：委托承办机构顺序码
           └─────────────── 第2部分：行政区划代码
 └───────────────────────── 第1部分：委托承办机构标识码
```

**图1 委托承办机构编码结构**

第1部分：委托承办机构标识码，用1位大写英文字母"W"表示。

第2部分：行政区划代码，采用GB/T 2260中华人民共和国行政区划代码，用6位行政区划数字代码表示。其中，前2位代码表示省级行政区（省、自治区、直辖市），中间2位代码表示市级行政区（市、地区、自治州、盟），后2位代码表示县级行政区（县、自治县、县级市、旗、自治旗、市辖区、林区、地区辖特区）。

第3部分：委托承办机构顺序码，为同一县级行政区下委托承办机构赋予的唯一编码，用3位阿拉伯数字表示。

示例：以注册地在北京市朝阳区的"XX有限公司"为例

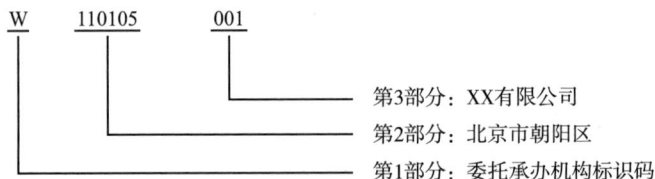

```
W    110105    001
                 └──────── 第3部分：XX有限公司
           └─────────────── 第2部分：北京市朝阳区
 └───────────────────────── 第1部分：委托承办机构标识码
```

# 附件4

## 医疗保障委托承办服务机构工作人员
## 编码规则和方法

医疗保障委托承办服务机构工作人员（以下简称"委托承办机构工作人员"）编码分3个部分共14位，通过大写英文字母和阿拉伯数字按特定顺序排列表示。其中，第1部分是委托承办机构工作人员标识码，第2部分是行政区划代码，第3部分是委托承办机构工作人员顺序码。委托承办机构工作人员编码结构见图1。

WE　XXXXXX　XXXXXX

第3部分：委托承办机构工作人员顺序码
第2部分：行政区划代码
第1部分：委托承办机构工作人员标识码

**图1　委托承办机构工作人员编码结构**

第1部分：委托承办机构工作人员标识码，用2位大写英文字母"WE"表示。

第2部分：行政区划代码，采用GB/T 2260中华人民共和国行政区划代码，用6位行政区划数字代码表示。其中，前2位代码表示省级行政区（省、自治区、直辖市），中间2位代码表示市级行政区（市、地区、自治州、盟），后2位代码表示县级行政区（县、自治县、县级市、旗、自治旗、市辖区、林区、地区辖特区）。

第3部分：委托承办机构工作人员顺序码，为同一县级行政区下委托承办机构工作人员赋予的唯一编码，用6位阿拉伯数字表示。

示例：以就职单位注册地在北京市朝阳区的工作人员"李某"为例

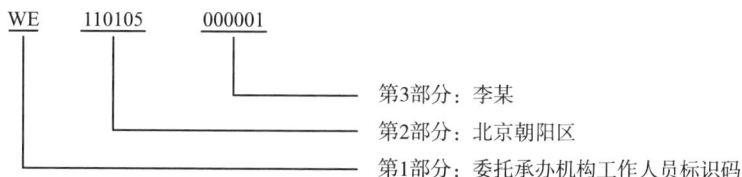

WE　110105　000001

第3部分：李某
第2部分：北京朝阳区
第1部分：委托承办机构工作人员标识码

# 国家医疗保障局办公室关于印发
# 《长期护理保险专家库管理暂行办法》的通知

## （医保办发〔2024〕20号）

各省、自治区、直辖市及新疆生产建设兵团医疗保障局：

为充分调动社会各方研究力量参与，提高工作决策科学化、民主化水平，更好服务于长期护理保险制度建设，我们研究制定了《长期护理保险专家库管理暂行办法》，现印发你们，请结合实际贯彻执行。

国家医疗保障局办公室

2024 年 9 月 19 日

# 长期护理保险专家库管理暂行办法

## 第一章 总 则

第一条 为加快推进建立长期护理保险制度，提高工作决策科学化、民主化水平，有效发挥专家在长期护理保险制度建设领域决策咨询作用，健全专家论证机制，根据《国家医保局 财政部关于扩大长期护理保险制度试点的指导意见》（医保发〔2020〕37号），制定本办法。

第二条 本办法适用于长期护理保险专家库（以下简称"专家库"）的组建、使用、管理等。

第三条 本办法所指专家是经遴选进入专家库的专业人员，包含但不限于政府部门、高等院校、科研院所、行业协会及相关从业单位中，在长期护理保障、失能等级评估、长期护理服务等领域，从事科学研究、专业技术、行政管理等工作的专业人员。

第四条 国家医疗保障行政部门负责组建、管理国家长期护理保险专家库（以下简称"国家库"）。省、地级医疗保障行政部门可参照本办法，根据实际组建、管理本级专家库。鼓励省级医疗保障行政部门统一组建、管理本地区专家库。

第五条 各级医疗保障部门开展长期护理保险领域政策研究、意见咨询、课题委托、调查研究、宣传培训等时需要合作的专家，原则上应从本级或上级专家库中选取。国家长期护理保险服务项目目录准入专家管理办法另行制定。

## 第二章 入库条件与程序

第六条 遴选入库专家坚持面向社会、平等公开、择优入库的原则。

第七条 国家库专家分为核心专家、咨询专家2类组别。

核心专家主要负责对长期护理保险制度建设有全局性深远影响的重大问题开展前瞻研究，围绕参保筹资、待遇保障、管理服务等关键政策的制定调整，提出针对性政策建议。

咨询专家主要发挥专家行业特长和智库优势，回应长期护理保险政策咨询，参加长期护理保险调查研究、论证评审等工作，提出参考建议。

原则上核心专家可承担咨询专家职能。

第八条　入库专家应符合以下基本条件：

（一）拥护党的路线、方针、政策，具有良好的政治思想素质、职业道德和社会责任感。

（二）从事社保、医疗、护理、养老、人口、经济、商保、管理等相关领域工作满 5 年，具有中级及以上专业技术职称，作为负责人承担过长期护理保险领域课题、项目；或在党政机关承担过长期护理保险管理工作，熟悉经济社会发展实际，在长期护理保险领域有较强的战略规划、政策研究及实践能力。

（三）无违法乱纪行为或不良从业记录。

（四）身体健康，有时间和精力承担专家库相应工作。

确定为核心专家，除具备以上条件外，还需从事社保、医疗、护理、养老、人口、经济、商保、管理等相关领域工作满 10 年，具有高级专业技术职称，作为负责人承担过长期护理保险领域省部级及以上课题、项目；或在党政机关担任负责人并分管过长期护理保险工作。

第九条　国家库通过公开征选、定向邀请、单位推荐、个人自荐等 4 种方式组建和扩展。单位推荐前，应征得被推荐人同意。

第十条　按照公平、公开、公正的原则，通过国家医疗保障行政部门审核并在一定范围内公示无异议后，入选国家库。国家库专家名单需通过官方网站等方式向社会公布，接受公众监督。

第十一条　基于工作新增需求或专家主动退出等情形，适时对在库专家进行增补。国家库核心专家总数控制在 30 人左右。

## 第三章　专家的权利、义务和纪律

第十二条　专家享有以下权利：

（一）对相关政策法规及参与工作相关背景情况的知情权。

（二）在咨询、论证、评审等环节中的建议权、表决权。

（三）按照有关规定，获得相应报酬。

（四）法律法规和规章规定的其他权利。

第十三条　专家应履行以下义务：

（一）运用专业知识和职业经验，提供技术咨询和决策支撑。

（二）受委托开展课题研究与政策咨询，承担培训授课任务，参与项目评审等相关工作。每年需至少参加 1 次专家库主管部门相关工作或组织的活动，或提交 1 份研究报告。

（三）主动做好长期护理保险制度的政策宣传。

（四）自行开展长期护理保险相关研究，促进相关学科建设。

（五）遵守职业道德，认真履行相关职责。

（六）法律法规和规章规定的其他相关义务。

第十四条　专家应遵守以下纪律：

（一）遵守国家有关法律法规和本办法的规定。

（二）严格遵守工作纪律，属于有关规定明确需要回避情形的，应主动提出回避等。

（三）严格遵守保密纪律，不向外界透露国家秘密、工作秘密等。

（四）严格遵守廉洁纪律，不得以专家库专家名义为自身或者其他第三方谋取利益。

## 第四章　专家库的管理和维护

第十五条　专家库实行准入、退出、评估等动态管理措施。医疗保障行政部门履行以下管理职责：

（一）建立专家档案，动态更新专家信息。

（二）对专家参与相关工作情况进行记录、归档。

（三）定期评估专家工作绩效，评估等次结果计入专家档案，并作为再次入库的重要依据。

第十六条　专家有下列情况之一的，从专家库中清退：

（一）未履行本办法第十三条规定的。

（二）一年内 2 次以上无正当理由不参与专家库主管部门有关工作、活动的。

（三）专家工作绩效评估连续 2 次为不合格等次的。

（四）受到法律法规处罚或党纪、政务处分，不宜从事专家工作的。

（五）以专家库专家名义从事不正当活动的。

（六）将正在研究、酝酿的重大决策及掌握的涉密内容，随意向外界透露和公布的。

（七）不能客观公正地履行相关职责或其他不适合再担任专家的情况。

第十七条　专家由于身体条件、工作变动等自身原因，不能或不愿继续担任专家的，可以申请退出专家库。

第十八条　专家被国家医疗保障行政部门清退出库的，3 年内不得重新进入国家库。

第十九条　国家库入库期限暂定为 2 年。核心专家届满后按程序重新组织遴选，咨询专家除发生本办法第十六条规定的情况外、且在库期间绩效评估均为合格及以上等次的，在库期限届满后自动延期，每次延期 2 年。

## 第五章　附　则

第二十条　专家库主管部门有责任和义务维护专家库的信息安全，严禁私自复制、泄露或出售专家档案中的信息和资料。

第二十一条　本办法自发布之日起施行。

# 国家医疗保障局办公室关于印发
# 《长期护理保险护理服务机构定点管理办法（试行）》
# 的通知

## （医保办发〔2024〕21 号）

各省、自治区、直辖市及新疆生产建设兵团医疗保障局：

为加强长期护理保险护理服务机构定点管理，规范服务行为，提高长期护理保险基金使用效能，保障享受长期护理保险待遇的参保人员合法权益，根据《国家医保局  财政部关于扩大长期护理保险制度试点的指导意见》（医保发〔2020〕37 号）等有关规定，制定《长期护理保险护理服务机构定点管理办法（试行）》，现印发给你们，请认真抓好贯彻实施。

国家医疗保障局办公室

2024 年 9 月 23 日

# 长期护理保险护理服务机构定点管理办法（试行）

## 第一章 总 则

第一条 为了加强长期护理保险护理服务机构（以下简称"长护服务机构"）定点管理，规范服务行为，提高长期护理保险基金使用效能，保障享受长期护理保险待遇的参保人员（以下简称"参保人员"）合法权益，根据《国家医保局 财政部关于扩大长期护理保险制度试点的指导意见》等有关规定，制定本办法。

第二条 长护服务机构定点管理坚持以人民健康为中心，遵循保障基本、公平公正、权责明晰、动态平衡的原则，引导定点长护服务机构规范长期护理服务行为，为参保人员提供适宜、专业的长期护理服务。

定点长护服务机构是指依法成立，经审核合格后与统筹地区医疗保障经办机构签订长期护理保险服务协议（以下简称"长护协议"），为参保人员提供长期护理服务的养老机构、医疗机构或者业务范围包括养老服务、照护服务或者护理服务的其他服务机构。

第三条 国务院医疗保障行政部门负责制定长护服务机构定点管理有关规定，对各级医疗保障部门、定点长护服务机构执行定点管理有关规定情况进行监督和指导。省级医疗保障行政部门在本办法基础上，结合实际情况制定实施细则，并负责监督和指导本行政区域内长护服务机构定点管理有关规定的执行和落实。统筹地区医疗保障行政部门负责执行长护服务机构定点管理有关规定，并对统筹地区医疗保障经办机构、定点长护服务机构执行情况进行监督和指导。

国家医疗保障经办机构负责制定长护协议范本，指导各地加强和完善长护协议管理。统筹地区医疗保障经办机构负责确定定点长护服务机构，与定点机构签订长护协议，开展协议管理、费用审核结算、绩效考核等相关工作。

第四条　本办法适用于实施长期护理保险制度地区的长护服务机构定点管理工作。

## 第二章　定点长护服务机构确定

第五条　统筹地区医疗保障行政部门应当根据参保人员长期护理服务需求、长期护理保险基金收支、长期护理服务资源等情况，统筹规划区域内定点长护服务机构的配置，夯实长护服务机构定点管理的工作基础。

第六条　符合下列条件的养老机构、医疗机构或者其他服务机构，可以自愿向统筹地区医疗保障经办机构申请成为定点长护服务机构：

（一）养老机构，指依法办理登记，为老年人提供全日集中住宿和照料护理服务，床位数在 10 张以上的机构；

（二）医疗机构，指已取得卫生健康部门颁发的医疗机构执业许可证或者诊所备案凭证的机构；

（三）其他服务机构，指依法登记成立的从事养老服务、照护服务或者护理服务的法人机构。

经军队主管部门批准有为民服务资质的军队医疗机构，符合本办法第七条规定条件的，也可以申请成为定点长护服务机构。

第七条　申请成为定点长护服务机构应当同时具备以下条件：

（一）具备法人资格；

（二）配备长期照护师和养老护理员、医疗护理员或者由省级医疗保障行政部门确定符合条件的相关人员，且人员类型、数量与服务能力、服务范围相匹配；

（三）配备专（兼）职长护管理人员，熟悉长期护理保险政策规定及要求；

（四）具有与长期护理保险政策规定相适应的服务管理、财务管理、信息统计、内控管理、人员管理、档案管理等制度；

（五）具备使用全国统一的医保信息平台、与医保信息平台长期护理保险功能模块按接口标准进行对接等条件；

（六）与长护服务相关的收费项目和收费价格符合政策规定；

（七）符合法律法规和省级及以上医疗保障行政部门规定的其他条件。

申请提供医疗护理服务的长护服务机构应当符合卫生健康部门的有关规定。

第八条　定点长护服务机构提供的长期护理服务类型主要分为居家护理、社区护理和机构护理。

（一）居家护理，是指长护服务机构在参保人员所居住的家庭住所内为参保人员提供长期护理服务。

（二）社区护理，是指长护服务机构以社区为依托为参保人员提供就近就便、非全日的长期护理服务。

提供居家护理或者社区护理服务的定点长护服务机构应当配备专业护理服务团队，长期照护师等护理服务人员不少于4人；具备医疗资质的，医护人员不少于2人。

（三）机构护理，是指长护服务机构在所开设的机构内为参保人员提供全日的长期护理服务。

提供机构护理服务的定点长护服务机构应当配备长期照护师等护理服务人员及设备设施，其中具备医疗资质的，医师和护士（师）各不少于2人。长期护理服务能力在100（含）人以上的，应当成立长护管理内设工作机构并配备专职管理人员。

第九条　长护服务机构提出定点申请，统筹地区医疗保障经办机构应当及时受理并组织对申请材料进行形式审查。对申请材料不全的，应当一次性告知需补齐的材料；对不符合申请条件的，应当告知并说明理由。

第十条　形式审查通过后，统筹地区医疗保障经办机构通过书面查验、现场核查、集体评议等形式，组织开展综合审核。审核小组成员由长护管理、养老服务、医疗保障、医药卫生、财务管理、信息技术等相关领域的专业人员构成，审核小组成员人数不少于5人且为单数。自受理申请材料之日起，审核时间不超过3个月，长护服务机构补充材料的时间不计入审核期限。审核内容包括：

（一）是否符合区域内定点长护服务机构配置规划；

（二）是否具备医疗机构执业许可证、诊所备案凭证、养老机构登记证书、备案回执等资质文件材料；

（三）是否具有与服务功能相匹配的基础设备设施；

（四）长期照护师、养老护理员、医师、护士（师）等护理服务人员数量、执业资质等信息是否符合有关规定；

（五）是否具有与长期护理保险政策规定相关的内部管理制度等材料；

（六）是否具备使用全国统一的医保信息平台、与医保信息平台接口标准进行对接的条件；

（七）与长护服务相关的收费项目和收费价格是否符合政策规定。

审核结果分为合格和不合格。统筹地区医疗保障经办机构应当将审核结果报同级医疗保障行政部门备案。对审核合格的，将其纳入拟签订协议的长护服务机构名单，并向社会公示，公示时间不少于 5 个工作日。对审核不合格的，应当告知其理由，并提出整改建议；自结果告知送达之日起，3 个月内完成整改的可以申请再次组织审核，审核仍不合格的，1 年内不得再次提出定点管理申请。

第十一条　统筹地区医疗保障经办机构与审核合格且通过公示的长护服务机构协商谈判，达成一致的，由统筹地区医疗保障经办机构与长护服务机构签订长护协议并向同级医疗保障行政部门备案。首次签订协议的，协议期一般为 1 年；续签协议的，可以根据协议履行情况、绩效考核结果等，适当延长协议期限，协议期最长不超过 3 年。

第十二条　定点长护服务机构设立分支机构或者多个站点的，新增机构（站点）应当按要求申请定点管理。

第十三条　长护服务机构有下列情形之一的，不予受理定点申请：

（一）受到相关行政部门行政处罚（处理），但未完全履行处罚（处理）责任；

（二）以弄虚作假等不正当手段申请定点管理，自发现之日起未满 3 年；

（三）因违法违规或者严重违反协议约定而被解除协议未满3年，或者已满3年但未完全履行违约责任；

（四）法定代表人、主要负责人、实际控制人或者股东设立长期护理保险失能等级评估机构；

（五）法定代表人、主要负责人或者实际控制人被列入严重失信名单；

（六）法定代表人、主要负责人或者实际控制人因严重违法违规造成长期护理保险基金重大损失或者严重不良社会影响，被禁止从事定点长护服务机构管理活动不满5年；

（七）法律法规和规章规定的其他不予受理的情形。

第十四条 统筹地区医疗保障经办机构应当向社会公布签订长护协议的定点长护服务机构信息，包括名称、地址、联系电话、服务类型等信息，供参保人员或者其监护人、委托代理人选择。

## 第三章 定点长护服务机构运行管理

第十五条 定点长护服务机构具有为参保人员提供合规长护服务后获得长期护理保险结算费用，提出变更、中止或者解除长护协议，要求统筹地区医疗保障经办机构全面诚信履行协议，对完善定点管理有关规定提出意见建议等权利。

定点长护服务机构应当与参保人员或者其监护人、委托代理人签订服务合同。

定点长护服务机构发现参保人员失能状态与评估等级不符，或者参保人员死亡、住院、长期到统筹地区外居住等情况，应当及时向统筹地区医疗保障经办机构报告。

第十六条 定点长护服务机构应当核验参保人员的有效身份凭证，按照护理服务计划、行业规范等为参保人员提供服务，并如实记录服务内容，按照"一人一档"的原则为参保人员建立护理服务文书电子档案。

第十七条 定点长护服务机构应当制定服务流程和服务标准，确保护理服务一致性和规范性。

第十八条　定点长护服务机构应当通过全国统一的医保信息平台长期护理保险功能模块，或者自建护理服务内部管理系统并与全国统一的医保信息平台对接，实现长期护理保险服务等数据信息的管理与传输。

第十九条　定点长护服务机构应当及时维护机构、人员等编码信息，对护理服务人员实行实名制管理，强化技能培训，规范服务行为，提高服务质量，建立护理服务人员动态管理机制和工作质量考核评价体系。

第二十条　定点长护服务机构应当自觉加强行业自律，遵守国家和地方政府有关服务价格管理的法律、法规、标准和规范，全面实行收费公示和费用清单制度。医疗护理服务价格参照当地定点医疗机构医疗服务（项目名称、项目内涵、计价单位、收费标准等）价格政策执行。生活照护服务可以由定点长护服务机构按照公平合理、诚实守信、质价相符的原则确定收费价格，价格具有公允性，同行同业态比价具有经济性优势。

第二十一条　定点长护服务机构不得重复、分解收取护理服务费用，或者收费价格高于公示价格，向参保人员提供长期护理保险保障范围外的服务事项应当事先征得参保人员或者其监护人、委托代理人书面同意，不得实行不公平、歧视性高价，同一项目收费价格不得高于非参保人员收费价格。

第二十二条　定点长护服务机构应当配合医疗保障部门做好长期护理服务价格、用量等监测工作。

第二十三条　定点长护服务机构应当按规定悬挂统一的定点标识。

第二十四条　定点长护服务机构应当参加医疗保障行政部门或者统筹地区医疗保障经办机构组织的长期护理保险相关宣传和培训。

第二十五条　定点长护服务机构应当定期检查本单位长期护理保险基金使用情况，及时纠正不规范使用基金的行为，不得重复结算、超标准结算，不得为其他长护服务机构或者其服务对象提供结算。

第二十六条　定点长护服务机构应当配合统筹地区医疗保障经办机构开展长期护理保险费用审核、服务质量检查、绩效考核等工作，及时向医疗保障行政部门提供长期护理保险基金使用监督管理、协议管理等的所需信息。

第二十七条 定点长护服务机构应当按规定向统筹地区医疗保障经办机构据实传送长期护理保险相关全量数据信息，并动态更新数据，确保真实准确。

第二十八条 定点长护服务机构应当在法律法规规定的目的和范围内收集、使用数据信息，遵守数据信息安全有关法律法规制度，保护参保人员隐私。

## 第四章 经办服务管理

第二十九条 统筹地区医疗保障经办机构具有及时全面掌握定点长护服务机构运行管理情况，从定点长护服务机构获得长期护理保险费用审核、服务质量检查、绩效考核和财务记账等所需资料的权利。

第三十条 统筹地区医疗保障经办机构应当规范服务管理行为，优化定点申请、综合审核和协议管理等经办流程，对定点长护服务机构进行长期护理保险政策、定点管理有关规定等的宣传培训，为定点长护服务机构和参保人员提供优质高效的经办服务。

第三十一条 统筹地区医疗保障经办机构应当建立健全内部控制制度，明确定点长护服务机构确定、费用审核、结算拨付等岗位责任，建立完善风险防控机制。

第三十二条 参保人员长护服务费用中应当由长期护理保险基金支付的部分，由统筹地区医疗保障经办机构与定点长护服务机构直接结算。

统筹地区医疗保障经办机构应当落实长期护理保险支付政策，强化长期护理保险基金支出管理，通过智能审核、实时监控等方式及时审核长护服务费用，及时拨付符合规定的长期护理保险费用。

第三十三条 统筹地区医疗保障经办机构应当加强定点长护服务机构协议履行情况的考核，考核结果按规定与费用拨付、年终清算、协议续签等挂钩，考核情况报同级医疗保障行政部门。

第三十四条 统筹地区医疗保障经办机构应当遵守数据信息安全有关法律法规制度，保护参保人员个人信息，确保长期护理保险数据安全。

第三十五条　统筹地区医疗保障经办机构发现定点长护服务机构存在违反协议约定情形的，可相应采取以下处理方式：

（一）公开通报；

（二）约谈定点长护服务机构法定代表人、主要负责人或者实际控制人；

（三）暂停新增长期护理保险服务对象；

（四）暂停或者不予拨付长期护理保险费用；

（五）追回已支付的违规长期护理保险费用；

（六）要求定点长护服务机构按照协议约定支付违约金；

（七）中止相关责任方（人员）提供涉及长期护理保险基金使用的服务；

（八）中止或者解除长护协议。

第三十六条　统筹地区医疗保障经办机构违反长护协议的，定点长护服务机构有权要求纠正，或者提请统筹地区医疗保障经办机构同级医疗保障行政部门协调处理、督促整改，也可以依法申请行政复议或者提起行政诉讼。

医疗保障行政部门发现统筹地区医疗保障经办机构存在违反长护协议的，可视情节相应采取以下处理方式：约谈、限期整改、通报批评，对相关责任人员依法依规给予处分。

## 第五章　定点长护服务机构动态管理

第三十七条　定点长护服务机构名称、等级、法定代表人、主要负责人或者实际控制人、注册地址、机构性质和类别、核定床位数（护理床位）、服务类型、服务内容、收费价格等重大信息发生变更的，应当自有关部门批准、备案或者发生变更之日起30个工作日内向统筹地区医疗保障经办机构提出变更申请，其他一般信息变更应当及时告知。

定点长护服务机构因违法违规被调查、处理期间不得申请变更信息。

定点长护服务机构法定代表人除因上级机关任免、丧失民事行为能力原因外发生变更的，应当参照定点流程重新申请定点管理。

第三十八条　协议续签由定点长护服务机构提前3个月向统筹地区

医疗保障经办机构提出申请。统筹地区医疗保障经办机构和定点长护服务机构就协议续签事宜进行协商谈判，双方根据协议履行和考核情况等决定是否续签。协商一致的可以续签协议，未达成一致的，协议到期后自动终止。

第三十九条　长护协议中止是指统筹地区医疗保障经办机构与定点长护服务机构暂停履行长护协议约定，中止期间发生的长期护理保险费用不予结算。中止时间原则上不超过 6 个月。中止期结束时，长护协议未到期的继续履行，长护协议到期的自动终止。

定点长护服务机构有下列情形之一的，统筹地区医疗保障经办机构应当中止协议：

（一）重大信息发生变更且未在规定时限内提出变更申请；

（二）未按规定向医疗保障行政部门或者统筹地区医疗保障经办机构提供所需信息或者提供的信息不真实；

（三）对长期护理保险基金安全或者参保人员权益可能造成重大风险；

（四）未完全履行协议被要求限期整改，未能在限期内完成整改且经两次以上约谈仍不能完成整改；

（五）法律法规和规章规定或者协议约定的应当中止的其他情形。

第四十条　长护协议解除是指统筹地区医疗保障经办机构与定点长护服务机构之间的协议关系不再存续，长护协议解除后产生的长期护理保险费用，长期护理保险基金不再予以结算。

定点长护服务机构有下列情形之一的，统筹地区医疗保障经办机构应当解除协议：

（一）超出执业许可范围或者地址开展长护服务；

（二）医疗机构执业许可证、诊所备案凭证、养老机构登记证书、备案回执、营业执照等资质文件注销、被吊销、年检不合格、过期失效等，或者营业执照变更后经营范围不符合本办法第六条规定的条件；

（三）因买卖、转让、重组等情形导致经营主体发生重大变化，严重影响协议履行；

（四）法定代表人、主要负责人或者实际控制人不能履行协议，或者有严重违法失信行为；

（五）以弄虚作假等不正当手段申请取得定点管理资质或资格；

（六）12个月内累计2次中止协议，或者中止协议期间整改不到位；

（七）以虚假宣传、利益诱导等手段进行服务促销且情节恶劣；

（八）拒绝、阻挠监督检查或者因违反长期护理保险政策规定造成恶劣影响被医疗保障、审计等部门通报；

（九）以伪造或者变造的护理服务记录、账目、费用单据、上传数据、会计凭证、电子信息等有关资料，进行长期护理保险费用结算；

（十）诱导、协助、串通他人冒名提供虚假证明材料进行长期护理保险费用结算；

（十一）为其他长护服务机构或者其服务对象提供长期护理保险费用结算，出借长期护理保险相关资质或者资格；

（十二）经查实有欺诈骗保行为；

（十三）自愿提出解除协议并经协商一致；

（十四）法律法规和规章规定或者协议约定的应当解除的其他情形。

第四十一条　定点长护服务机构自愿中止、解除协议或者不再续签协议的，应当提前3个月向统筹地区医疗保障经办机构提出申请。

第四十二条　定点长护服务机构和统筹地区医疗保障经办机构在协议签订、履行阶段发生的争议，可以通过协商解决或者要求统筹地区医疗保障经办机构同级医疗保障行政部门协调处理，也可以依法申请行政复议或者提起行政诉讼。

第四十三条　统筹地区医疗保障经办机构应当将中止、解除协议的定点长护服务机构基本信息及时报同级医疗保障行政部门备案，向社会公布中止、解除协议的定点长护服务机构名单，并督促长护服务机构做好参保人员服务转接工作。

第四十四条　解除协议的定点长护服务机构应当及时撤除定点标识。

第四十五条　定点长护服务机构造成长期护理保险基金重大损失或者

其他严重不良社会影响的，其法定代表人、主要负责人或者实际控制人 5 年内禁止从事定点长护服务机构管理活动；对其他相关人员暂停 3 个月至 12 个月的长期护理保险基金支付资格，情节严重的，限制 1 年至 3 年从事长期护理保险服务；构成犯罪的，依法追究刑事责任。

第四十六条　涉及暂停长期护理保险相关资格、暂停或者不予拨付费用、被限制从业的机构或者人员，影响期满后向统筹地区医疗保障经办机构提出恢复申请，经审核通过后予以恢复长期护理保险基金使用或者从业资格。

## 第六章　监督管理

第四十七条　医疗保障行政部门对统筹地区医疗保障经办机构定点申请受理、综合审核、协议签订及履行、长期护理保险费用审核和拨付、内部控制制度建设等进行监督和指导。

医疗保障行政部门依法依规通过实地检查、抽查、智能监控、大数据分析等方式对定点长护服务机构协议履行情况、长期护理保险基金使用情况、长护服务行为、购买涉及长期护理保险基金使用的第三方服务等进行监督。

医疗保障行政部门根据需要，可以联合相关部门开展联合执法检查，建立综合监管工作机制，形成监管合力，协调解决监管难点问题。

第四十八条　统筹地区医疗保障经办机构发现定点长护服务机构存在违约行为，应当及时按照协议予以处理。

统筹地区医疗保障经办机构作出中止或者解除协议、对定点长护服务机构相关责任方（人员）暂停长期护理保险基金支付资格或者限制一定期限从事长期护理保险服务等处理时，应当及时报告同级医疗保障行政部门。

医疗保障行政部门发现定点长护服务机构存在违约情形的，应当及时责令统筹地区医疗保障经办机构按照长护协议处理，统筹地区医疗保障经办机构应当及时按照长护协议处理。

第四十九条　医疗保障行政部门、统筹地区医疗保障经办机构应当拓宽监督途径，创新监督方式，通过满意度调查、第三方评价、聘请社会监督员、信用管理等方式对定点长护服务机构进行社会监督，畅通举报投诉渠道，及时发现问题并进行处理。

## 第七章　附　则

第五十条　统筹地区医疗保障经办机构可以根据实际情况，在国家医疗保障经办机构制定的长护协议范本的基础上，制定本地区长护协议范本。

第五十一条　根据定点管理需要，逐步按照政府采购的有关规定确定定点长护服务机构。

第五十二条　本办法由国务院医疗保障行政部门负责解释，自 2024 年 12 月 1 日起施行。

# 国家医疗保障局办公室关于印发
# 《长期护理保险经办规程（试行）》的通知

## （医保办发〔2024〕22 号）

各省、自治区、直辖市及新疆生产建设兵团医疗保障局：

为规范长期护理保险经办工作，提高经办管理服务效能，保障参保人合法权益，根据《国家医保局　财政部关于扩大长期护理保险制度试点的指导意见》（医保发〔2020〕37 号）、《长期护理保险失能等级评估管理办法（试行）》（医保发〔2023〕29 号）、《长期护理保险失能等级评估机构定点管理办法（试行）》（医保发〔2024〕13 号）、《长期护理保险护理服务机构定点管理办法（试行）》（医保办发〔2024〕21 号），制定《长期护理保险经办规程（试行）》，现印发给你们，请认真贯彻落实。

国家医疗保障局办公室

2024 年 9 月 23 日

# 长期护理保险经办规程（试行）

## 第一章 总 则

**第一条** 为规范长期护理保险经办工作，提高经办服务管理效能，根据《国家医保局 财政部关于扩大长期护理保险制度试点的指导意见》（医保发〔2020〕37号）、《长期护理保险失能等级评估管理办法（试行）》（医保发〔2023〕29号）、《长期护理保险失能等级评估机构定点管理办法（试行）》（医保发〔2024〕13号）、《长期护理保险护理服务机构定点管理办法（试行）》（医保办发〔2024〕21号）等文件要求，结合经办业务需求，制定本规程。

**第二条** 实施长期护理保险制度的地区适用本规程。

**第三条** 坚持依法规范，确保长期护理保险经办有序开展；坚持政府主导，构建以政府经办为基础、社会力量为补充的经办体系；坚持以人为本，提供便民高效的经办服务；坚持统筹推进，各方联动，提升管理效能。

**第四条** 国家医疗保障经办机构负责全国长期护理保险经办工作的统筹管理，组织制定经办规程，指导地方做好长期护理保险经办服务管理工作。

省级医疗保障经办机构在本规程基础上，可根据实际情况制定本地区规程或实施细则，指导实施长期护理保险制度的地区做好长期护理保险经办服务管理工作。

各统筹地区医疗保障经办机构负责具体落实，主要包括：定点评估机构和定点长护服务机构协议管理、核查考核、费用审核结算、信息系统建设以及对商保公司等第三方机构的考核管理等。

**第五条** 统筹地区医疗保障经办机构应规范服务管理行为，加强内部管理，健全内控制度，明确岗位职责，建立风险防控机制。

## 第二章 失能评估

第六条 评估对象或其监护人、委托代理人自愿向统筹地区医疗保障经办机构提出评估申请，提交相关材料，主要包括：申请人有效身份证件或参保凭证，《长期护理保险失能等级评估申请表》，住院病历或诊断书等。

有下列情形的，不予受理失能等级评估申请：

1. 未参加长期护理保险的；

2. 不符合待遇享受条件的；

3. 发生护理服务费用不属于长期护理保险基金支付范围的；

4. 申报材料不全或提供虚假材料的；

5. 其他长期护理保险不予受理评估申请的情形。

第七条 统筹地区医疗保障经办机构应建立方便群众办事的多元化线上、线下申请受理渠道，能够通过线上获取的，可不要求参保人线下提供。统筹地区医疗保障经办机构收到评估申请后，应及时对申请材料进行审核，反馈受理审核结果。对于申请材料存在疑义的，可通过调查走访的方式进一步核实，自受理之日起5个工作日内告知审核结果。审核通过后，应组织定点评估机构对参保人开展失能评估。

第八条 定点评估机构按照以下流程开展失能评估工作：

（一）现场评估。

定点评估机构原则上应派至少2名评估人员上门，其中至少1名为评估专家。现场评估人员依据失能等级评估标准和评估操作指南，采集信息，开展评估。须有至少1名评估对象的监护人或委托代理人在场。同时，可在邻里、社区等一定范围内走访调查评估对象的基本生活自理情况，做好调查笔录和视频录像，并参考医院住院病历或诊断书等相关资料，作为提出评估结论的佐证资料。

评估人员应严格执行评估操作规范要求，独立、客观、公正地开展评估工作。与评估对象有亲属或利害关系的，应当回避。

（二）提出结论。

现场评估人员能够直接提出评估结论的，由现场评估人员提出评估结论。现场评估人员不能直接提出评估结论的，由定点评估机构组织评估专家依据现场采集信息，提出评估结论。

评估结论应经过至少 2 名评估专家的评估确认。统筹地区医疗保障经办机构按照医疗保障行政部门确定的评估结论有效期开展工作。重度失能等级评估结论有效期一般不超过 2 年。

（三）公示与送达。

评估结论达到待遇享受条件对应失能等级的，定点评估机构和统筹地区医疗保障经办机构应当在一定范围内公示评估结论，接受社会监督。

不符合待遇享受条件的，或符合待遇享受条件经公示无异议的，定点评估机构出具评估结论书。统筹地区医疗保障经办机构向评估对象或其监护人、委托代理人送达评估结论书。

原则上评估结论书应在申请受理之日起 30 个工作日内送达。

（四）护理服务建议。

评估专家依据现场采集信息，提出护理服务建议。

（五）争议处理。

评估对象或其监护人、委托代理人对失能等级评估结论有异议的，可在规定期限内，向统筹地区医疗保障经办机构提出复评申请。第三人对公示评估结论有异议的，可在公示期内向统筹地区医疗保障经办机构实名反映情况。反映情况基本属实的，统筹地区医疗保障经办机构组织复评。

复评原则上有不少于 2 名评估专家参加，参加初次评估的定点评估机构和评估人员须回避。复评结论为最终评估结论。

（六）重新评估。

参保人失能状态发生变化、与评估结论不匹配，评估结论出具满 6 个月的，可向统筹地区医疗保障经办机构申请重新评估。统筹地区医疗保障经办机构通过抽查监督等途径，发现参保人当前失能状态发生变化、可能影响待遇享受的，统筹地区医疗保障经办机构应当组织重新评估。

评估有效期届满前，统筹地区医疗保障经办机构应组织对需继续享受长期护理保险待遇的参保人进行重新评估。

重新评估流程同第八条。

## 第三章　评估机构协议管理

第九条　长期护理保险失能等级评估机构按照《长期护理保险失能等级评估机构定点管理办法（试行）》规定，实行定点管理。统筹地区医疗保障经办机构负责确定定点评估机构，签订评估服务协议，并依服务协议进行管理。暂不具备实施条件的，可依托医疗机构、劳动能力鉴定机构、商业保险机构等实施评估。随制度健全完善，逐步向独立的评估机构实施评估形式过渡。

第十条　申请成为定点评估机构，应具备《长期护理保险失能等级评估机构定点管理办法（试行）》规定的业务范围、场地及人员配备、信息系统、管理制度等基本条件。

第十一条　定点评估机构确定流程如下：

（一）初步审核。

评估机构可自愿向统筹地区医疗保障经办机构提出定点申请。统筹地区医疗保障经办机构受理申请后，应及时组织初审。对申请材料内容不全的，应当一次性告知需补齐的材料；对不符合申请条件的，应当及时告知并说明理由。

（二）综合审核。

初审通过后，统筹地区医疗保障经办机构采取书面查验、现场核查、集体评议等形式，组织对申请机构进行综合审核。自受理申请材料之日起，审核时间不超过 3 个月，评估机构补充材料时间不计入审核期限。审核小组成员由长护管理、医疗保障、医药卫生、财务管理、信息技术等相关领域的专业人员构成。

审核结果分为合格和不合格。统筹地区医疗保障经办机构应将审核结果向同级医疗保障行政部门备案。审核合格的，应将其纳入拟签订协议的评估机构名单，并向社会公示，公示时间不少于 5 个工作日。审核不合格的，应告知其理由，提出整改建议；自结果告知送达之日起，3 个月内完成整改的可以申请再次组织审核，审核仍不合格的，1 年内不得再次申请。

（三）协商谈判。

统筹地区医疗保障经办机构与审核合格且通过公示的评估机构协商谈判，达成一致的，由统筹地区医疗保障经办机构与评估机构签订评估服务协议并向同级医疗保障行政部门备案。首次签订协议的，协议期一般为 1 年；续约的，可根据协议履行情况、绩效考核结果等，适当延长协议期限，最长不超过 3 年。

（四）社会公布。

统筹地区医疗保障经办机构应向社会公布签订评估服务协议的定点评估机构名单。

第十二条　定点评估机构应建立健全内部质量控制制度，形成部门之间、岗位之间和业务之间相互制衡、相互监督的内控机制。定点评估机构应建立人员管理制度，加强日常管理，规范评估工作行为。定点评估机构应建立评估档案管理制度，按要求做好失能等级评估申请材料、评估过程相关记录、评估结论书、内部管理控制相关记录等资料的留存归档。

第十三条　定点评估机构应配合统筹地区医疗保障经办机构的日常检查、评估结论抽查、考核评价等工作，接受医疗保障行政部门的监督检查，并按规定提供相关材料。

## 第四章　护理服务

第十四条　长期护理保险护理服务机构（以下简称"长护服务机构"）提供的服务类型主要包括居家护理、社区护理和机构护理。

（一）居家护理，是指长护服务机构在参保人员所居住的家庭住所内为参保人员提供长期护理服务。

（二）社区护理，是指长护服务机构以社区为依托为参保人员提供就近就便、非全日的长期护理服务。

提供居家护理或者社区护理服务的定点长护服务机构应当配备专业护理服务团队，长期照护师等护理服务人员不少于 4 人；具备医疗资质的，医护人员不少于 2 人。

（三）机构护理，是指长护服务机构在所开设的机构内为参保人员提供全日的长期护理服务。

提供机构护理服务的定点长护服务机构应当配备长期照护师等护理服务人员及设施设备，其中具备医疗资质的，医师和护士（师）各不少于 2 人。长期护理服务能力在 100（含）人以上的，应当成立长护管理内设工作机构并配备专职管理人员。

第十五条　失能评估通过后由统筹地区医疗保障经办机构与参保人员或其监护人、委托代理人商定护理服务方式，在参保人员自主选择定点长护服务机构基础上，由统筹地区医疗保障经办机构予以派单。

第十六条　长护专员结合护理服务建议，与定点长护服务机构和参保人员或其监护人、委托代理人沟通协调后，形成护理服务计划，明确服务的类型、频次、时长、配比等，经参保人员或其监护人、委托代理人确认后实施。

定点长护服务机构应按照护理服务计划，为参保人员提供相应的长期护理服务。定点长护服务机构应合理服务、合理收费，严格执行长期护理保险服务项目等目录，优先使用目录内项目服务。定点长护服务机构提供长期护理保险保障范围外的服务事项应事先征得参保人员或其监护人、委托代理人书面同意。

第十七条　参保人员在享受护理服务前应由本人或其监护人、委托代理人主动表明参保身份，出示有效身份证件或参保凭证，遵守护理服务享受的有关流程和规范。

# 第五章　长护服务机构协议管理

第十八条　长护服务机构按照《长期护理保险护理服务机构定点管理办法（试行）》规定，实行定点管理。统筹地区医疗保障经办机构负责确定定点长护服务机构，签订长护协议，并依协议进行管理。

第十九条　符合《长期护理保险护理服务机构定点管理办法（试行）》

申请条件的养老机构、医疗机构或者其他服务机构，可自愿向统筹地区医疗保障经办机构申请成为定点长护服务机构。

第二十条 定点长护服务机构确定流程如下：

（一）受理申请。

长护服务机构提出定点申请，统筹地区医疗保障经办机构应及时受理并组织对申请材料进行形式审查。对申请材料内容不全的，应当一次性告知需补齐的材料；对不符合申请条件的，应当告知并说明理由。

（二）综合审核。

形式审查通过后，统筹地区医疗保障经办机构应当通过书面查验、现场核查、集体评议等形式，组织开展综合审核。审核小组成员由长护管理、养老服务、医疗保障、医药卫生、财务管理、信息技术等相关领域的专业人员构成，审核小组成员人数不少于 5 人且为单数。自受理申请材料之日起，审核时间不超过 3 个月，长护服务机构补充材料的时间不计入审核期限。

审核结果分为合格和不合格。统筹地区医疗保障经办机构应当将审核结果报同级医疗保障行政部门备案。对审核合格的，将其纳入拟签订协议的长护服务机构名单，并向社会公示，公示时间不少于 5 个工作日。对审核不合格的，应当告知其理由，并提出整改建议；自结果告知送达之日起，3 个月内完成整改的可以申请再次组织审核，审核仍不合格的，1 年内不得再次申请。

（三）协商谈判。

统筹地区医疗保障经办机构与审核合格且通过公示的长护服务机构协商谈判，达成一致的，由统筹地区医疗保障经办机构与长护服务机构签订长护协议并向同级医疗保障行政部门备案。首次签订协议的，协议期一般为 1 年；续约的，可根据协议履行情况、绩效考核结果等，适当延长协议期限，最长不超过 3 年。

（四）信息公布。

统筹地区医疗保障经办机构应当向社会公布签订长护协议的定点长护服务机构信息，包括名称、地址、联系电话、服务类型等信息，供参保人员或其监护人、委托代理人选择。

第二十一条　定点长护服务机构应当建立与长期护理保险要求相适应的内部管理制度，并配备专（兼）职管理人员。定点长护服务机构应当建立护理服务人员动态管理机制和工作质量考核评价体系，实行实名制管理，强化护理服务人员技能培训，规范护理服务行为，提高服务质量。

定点长护服务机构应按规定悬挂统一的定点标识。

第二十二条　定点长护服务机构应当配合统筹地区医疗保障经办机构开展长护险费用审核、服务质量检查、绩效考核等工作，及时向医疗保障部门提供长护险基金使用监督管理及协议管理的所需信息。

## 第六章　基金管理

第二十三条　统筹地区医疗保障经办机构提供长期护理保险服务，负责长期护理保险参保、个人权益记录、待遇给付等工作。

第二十四条　长期护理保险与基本医疗保险同步参保、同步缴费。

第二十五条　统筹地区医疗保障机构做好长期护理保险参保人的权益记录工作，按规定做好待遇给付，实行"一人一档"管理。

第二十六条　长期护理保险基金应存入社会保险基金财政专户，做到单独建账，独立核算。

第二十七条　统筹地区医疗保障经办机构按规定编制下一年度长期护理保险基金预算草案，做好长期护理保险基金预算管理相关工作。

第二十八条　统筹地区医疗保障经办机构做好结算申报、费用初审、费用复核、费用拨付等工作，具体流程如下：

（一）结算申报。

定点评估机构应按要求及时报送评估费用清单（或规范票据），并对其真实性负责。定点长护服务机构应按要求及时报送护理服务清单（或规范票据）、服务项目费用结算明细、护理人员等信息，并对其真实性负责。

（二）费用初审。

初审人员对评估费用、长护服务费用进行初审，并提出结算建议。对申报费用经审查核实违规的，不予支付。

（三）费用复核。

复核人员负责对拟结算的评估费用、长护服务费用进行复核。

（四）费用拨付。

统筹地区医疗保障经办机构按协议约定及时足额向定点机构拨付长期护理保险费用。

第二十九条　统筹地区医疗保障经办机构应建立基金管理运行分析制度，定期对基金收支及使用情况进行统计分析。

第三十条　统筹地区医疗保障经办机构应当建立健全内部控制制度，明确对定点评估机构和定点长护服务机构的确定、费用审核、结算拨付等岗位责任，建立完善风险防控机制。创新基金管理手段，完善举报投诉、信息披露渠道，防范基金风险，接受各方监督，确保基金安全。

第三十一条　统筹地区医疗保障经办机构应当落实长期护理保险支付政策，强化基金支出管理，通过智能审核、实时监控等方式及时审核相关费用，及时拨付符合规定的长期护理保险费用。

## 第七章　审核核查

第三十二条　统筹地区医疗保障经办机构结合质量管理、投诉举报、日常检查等情况，综合利用信息技术手段，组织对定点评估机构及评估人员、定点长护服务机构进行履约管理。

第三十三条　统筹地区医疗保障经办机构要加强对定点评估机构、定点长护服务机构、参保人员等管理，对定点评估机构、定点长护服务机构等协议履约情况开展日常巡查、随机抽查、智能监控、绩效考核等；对参保人员享受医保待遇情况等实施核查，持续提升智能化核查水平。

第三十四条　统筹地区医疗保障经办机构发现参保人员违规的，可以采取暂停联网结算、暂停或取消待遇享受等措施，并将有关参保人员违规信息推送至统筹地区长期护理保险定点评估机构和定点长护服务机构，视情节告知所在街道、村（居）委。涉及行政处罚的，移交医疗保障行政部门；涉嫌犯罪的，移送司法机关。

第三十五条　统筹地区医疗保障经办机构通过建立违约金机制等，加强对定点机构协议履行、服务质量等情况的考核，并建立动态管理机制。考核结果按规定与费用拨付、年终清算、协议续签等挂钩。考核情况报同级医疗保障行政部门。

第三十六条　定点评估机构、定点长护服务机构违反长期护理保险相关规定和服务协议约定的，由统筹地区医疗保障经办机构追回违规费用，按服务协议及时处理；涉及行政处罚的，移交医疗保障行政部门；涉嫌犯罪的，移送司法机关追究刑事责任；涉及其他部门职责的，移交相关部门。

造成长期护理保险基金重大损失或其他严重不良社会影响的，其法定代表人或者主要负责人5年内禁止从事长期护理保险定点评估机构和定点长护服务机构管理活动。对有关人员予以暂停3个月至12个月长期护理保险基金支付资格，情节严重的，限制1年至3年从事长期护理保险失能等级评估和护理服务工作。

第三十七条　因各种原因发生服务协议关系中止或解除等情形的，应当按照服务协议及时处理。统筹地区医疗保障经办机构作出中止或解除协议等处理时，应向同级医疗保障行政部门报备。

第三十八条　涉及暂停或不予拨付费用、中止协议的机构，限制从业的相关人员，以及暂停、取消待遇的参保人员，应期满后向统筹地区医疗保障经办机构重新提出申请，经审核通过后予以恢复长期护理保险基金使用资格。

第三十九条　统筹地区医疗保障经办机构应加强对长期护理保险基金的运行监测，开展异常数据筛查。

## 第八章　信息化和档案管理

第四十条　长期护理保险信息化建设要依托全国统一的医保信息平台，按照信息化、标准化相关工作要求，统一进行规划设计和建设，并探索与人社、卫健、民政等行业管理部门相关信息系统互联互通、信息共享等工作。

第四十一条　定点评估机构、定点长护服务机构应加强信息化建设，按照全国统一的接口规范实现与医保信息平台长期护理保险功能模块联通，并按规定及时全面准确向长期护理保险信息系统传送审核和结算所需的全量数据信息。动态更新数据，确保真实有效。

第四十二条　定点评估机构、定点长护服务机构应强化全国统一的医保信息平台长期护理保险功能模块应用，做好机构、人员等编码信息动态维护和贯标应用。

第四十三条　国家医疗保障局负责全国统一的医保信息平台长期护理保险功能模块基础版建设工作，并指导各省落地应用。省级医疗保障部门应按照已有功能应用尽用、定制开发最小必须、差异需求国家审核的原则开展落地应用。长期护理保险功能模块包含资金筹集、失能评估、护理服务提供、待遇支付、经办管理、审核检查、数据统计等功能。

第四十四条　未完成长期护理保险功能模块建设的地区，必须使用全国统一医保信息平台提供的功能模块，不得以任何形式和理由重复建设。已完成功能模块建设的地区，由省级医疗保障部门设置过渡期并制定过渡方案，做好平台衔接。

第四十五条　统筹地区医疗保障经办机构应建立系统用户管理制度，明确不同岗位的权限内容，专岗专权；对于系统权限设置专人管理，负责用户账号管理、用户角色权限分配和维护，从用户权限申请、审批、配置、变更、注销等方面进行全过程管理。

第四十六条　定点评估机构、定点长护服务机构应建立长期护理保险信息安全管理制度，明确信息安全管理责任，控制信息使用范围，确保信息安全。应建立数据安全和信息保密制度，加强数据安全培训管理，做好数据隔离、脱敏、加密工作，严格把控数据传输、使用、储存等环节的安全性，不得将长期护理保险相关数据、信息用于商业用途，防止参保人员敏感信息外泄和滥用，切实保障参保人员信息安全。

第四十七条　持续推进全国统一的医保信息平台长期护理保险功能模

块适老化改造等优化完善工作，提供大字体、大图标、简约菜单、语音视频辅助、风险预警提示等服务，方便参保群众使用。

第四十八条　医疗保障部门建立完善的档案管理制度，包括但不限于档案的归集、存放、整理、查阅、维护等。档案资料应真实、准确、完整，不得伪造、变造、隐匿、涂改等。统筹地区医疗保障经办机构按照档案管理要求妥善保存档案资料，留档备查。

第四十九条　统筹地区医疗保障经办机构根据实际情况探索建立长期护理保险电子档案管理制度，规范长期护理保险业务电子文件归档，提升管理效率。

第五十条　统筹地区医疗保障经办机构根据实际情况探索建立长期护理保险"一人一档"数据库。结合医保信息平台参保人基础信息和参保信息，补充失能评估、护理计划、参保人状态等信息，形成长期护理保险"一人一档"数据库，提升精细化管理水平。

第五十一条　严格按规定程序向内外提供需查（借）阅的档案，及时办理查（借）阅登记手续。所有接触档案的人员对载有客户信息的原始资料、复印资料、电子文档及其他形式的资料均要注意保密，无关人员不得接触档案，禁止任何形式的资料外泄。

## 第九章　社会参与

第五十二条　统筹地区医疗保障经办机构可按照规定通过公开招标等方式选择第三方机构等社会力量参与长期护理保险经办服务。由统筹地区医疗保障经办机构与第三方机构签订合同，明确服务内容、责任、考核等。

第五十三条　统筹地区医疗保障经办机构在具体确定第三方机构时，应充分考虑服务费报价、经营状况、风险评级、项目经验、团队建设、系统支撑能力以及经办服务方案等情况。

第五十四条　在统筹地区医疗保障经办机构指导下，第三方机构协助开展以下业务：

（一）政策宣传与咨询、投诉举报线索受理；

（二）配合开展申请受理及材料审核工作；

（三）参与失能评估和护理需求评估工作。派长护专员监督现场评估实施，并结合护理服务建议，与定点长护服务机构和参保人员或其监护人、委托代理人沟通协调，形成护理服务计划；

（四）协助开展失能等级评估机构和长护服务机构定点申请受理、材料初审、综合审核以及失能评估费用、护理服务费用初审等事务性工作；

（五）协助做好定点评估机构和定点长护服务机构日常检查、评估结论及参保人员失能状态抽查、服务质量检查等工作；

（六）协助开展异议复评、重新评估等工作；

（七）协助做好信息系统运用和档案管理工作；

（八）协助做好相关业务培训及合同约定的其他工作。

第五十五条　统筹地区医疗保障经办机构应综合考虑服务人口、机构运行成本、工作绩效等因素合理确定第三方机构的服务费，并按规定从长期护理保险基金中支付。

第五十六条　第三方机构应设置与长期护理保险经办服务相适应的组织架构，根据需要合理配置人员、科学设置服务岗位、统一规范服务场所设施和服务规程。应建立内部控制管理制度，明确工作人员岗位权限，加强人员管理、考核和培训。应建立长期护理保险信息安全管理制度，明确信息安全管理责任，确保信息安全。

第五十七条　统筹地区医疗保障经办机构对第三方机构合同履行、服务质量等情况开展考核评价，考核结果与经办服务费支付、合同续签、参与资格等挂钩，强化第三方机构激励约束和绩效管理。

# 第十章　附　则

第五十八条　长护专员是指熟知失能等级评估及护理服务专业知识的第三方机构工作人员，主要职责包括熟悉参保人员基本情况，全程参与参保人员失能等级评估、护理服务计划制定及调整等。

第五十九条　本规程自 2024 年 12 月 1 日起施行。

# 国家医疗保障局办公室关于印发
# 《长期护理保险定点失能等级评估机构服务协议
# 范本（试行）》《长期护理保险定点护理服务
# 机构服务协议范本（试行）》的通知

## （医保办发〔2024〕24号）

各省、自治区、直辖市及新疆生产建设兵团医疗保障局：

为加强和规范长期护理保险失能等级评估机构和护理服务机构定点管理，根据《长期护理保险失能等级评估管理办法（试行）》（医保发〔2023〕29号）、《长期护理保险失能等级评估机构定点管理办法（试行）》（医保发〔2024〕13号）、《长期护理保险护理服务机构定点管理办法（试行）》（医保办发〔2024〕21号）、《长期护理保险经办规程（试行）》（医保办发〔2024〕22号），制定《长期护理保险定点失能等级评估机构服务协议范本（试行）》《长期护理保险定点护理服务机构服务协议范本（试行）》，现印发给你们，请认真贯彻落实。

国家医疗保障局办公室

2024 年 9 月 23 日

# 长期护理保险定点失能等级评估机构
# 服务协议范本（试行）

甲方（医疗保障经办机构）：

医疗保障经办机构代码：

法定代表人：

地址：

邮政编码：

联系电话：


乙方（定点失能等级评估机构）：

定点机构代码：

法定代表人：

地址：

邮政编码：

联系电话：


为加强和规范长期护理保险失能等级评估机构（以下简称"评估机构"）定点管理，根据《长期护理保险失能等级评估管理办法（试行）》《长期护理保险失能等级评估机构定点管理办法（试行）》《长期护理保险经办规程（试行）》等有关政策，双方在自愿、平等、协商的基础上，就长期护理保险（以下简称"长护险"）失能等级评估有关事宜签订如下协议：

## 第一章 总 则

第一条 甲乙双方应当认真贯彻执行国家、省、市有关长护险政策法规及本统筹地区医疗保障、卫生健康、民政、市场监管等部门的文件规定，规范本地长护险评估机构定点管理，确保评估结论符合规定。

第二条　本协议适用于实施长护险制度地区评估机构的定点管理。

第三条　乙方为长护险参保人员提供失能等级评估服务，适用本协议。

第四条　甲乙双方应坚持以人民为中心，遵循公平公正、规范透明、权责明晰、动态平衡的原则，不断提升定点管理效能，促进评估行业有序发展，为参保人提供公平公正的评估服务。

第五条　甲乙双方应当正确行使职权，双方有权监督对方执行相关政策法规和履行职责的情况，向对方提出合理化建议，举报或投诉对方工作人员的违法违规行为。

第六条　甲方可将定点评估机构申请资料受理审核、协助评估、协助审核核查、费用初审等工作委托具有资格的第三方机构承担，乙方对第三方机构受托开展的工作应当予以配合。

## 第二章　双方权利义务

第七条　甲方享有以下权利：

（一）有权掌握乙方的运行管理情况，通过远程获取或查询端口开放的形式，从乙方获得长护险失能评估、费用审核、绩效考核等相关的全量数据信息；

（二）有权对评估结果组织复评，乙方应予以配合；

（三）有权调查、处理乙方违约行为，发现乙方存在违反协议约定情形的，根据协议约定采取相应处理；

（四）法律法规和规章规定的其他权利。

第八条　甲方应履行以下义务：

（一）向社会公布签订、中止及解除协议的定点评估机构信息，包括名称、地址等；

（二）及时向乙方通报长护险法规政策和管理制度、操作规程的变化情况，并接受乙方咨询；

（三）会同有关部门建立健全评估人员规范化培训机制，督促乙方做好失能评估人员的培训和日常管理工作，提升人员队伍专业化水平；

（四）完善费用支付流程，按规定及时审核结算并向乙方支付应当由长护险基金支付的费用；

（五）向乙方提供医保信息平台长护险功能模块数据集、接口标准和编码标准；

（六）对作出的违约处理结果向乙方进行解释说明；

（七）遵守个人信息保护和数据安全有关制度，保护参保人员个人信息及乙方商业秘密；

（八）法律法规和规章规定的其他义务。

第九条　乙方享有以下权利：

（一）按协议约定及时足额获得应由甲方支付的评估费用；

（二）有权对争议费用和核查处理情况与甲方沟通、申辩。要求甲方对不予支付的费用和作出的违约处理结果进行解释说明。对处理结果仍有异议的，可提请同级医疗保障行政部门协调处理；

（三）对甲方履约情况进行监督，举报或投诉甲方及工作人员的违法违纪违规行为；

（四）甲方违反协议的，有权要求甲方纠正或者提请医疗保障行政部门协调处理、督促整改，也可以依法申请行政复议或者提起行政诉讼；

（五）有权及时获知长护险政策、费用结算流程等调整情况；

（六）有权要求甲方提供医保信息平台长护险功能模块数据集、接口标准和编码标准；

（七）法律法规和规章规定的其他权利。

第十条　乙方应履行以下义务：

（一）遵守长护险有关政策规定，按照协议要求，加强内部建设，确保评估质量和评估结论准确性；

（二）按照《长期护理保险失能等级评估管理办法（试行）》等有关规定，组建失能评估人员队伍；

（三）建立健全内部质量控制制度，形成部门之间、岗位之间和业务之间相互制衡、相互监督的内控机制；

（四）建立人员管理制度，加强日常管理，按规定组织评估人员参加业务培训，定期开展内部培训，确保评估人员熟悉长护险相关政策，掌握评估技能；

（五）建立服务管理和上门评估风险告知制度，规范评估行为，充分告知评估中存在的风险事项；

（六）建立评估档案管理制度，按"一人一档"的要求做好失能等级评估申请材料、评估过程相关记录、评估结论书、内部管理控制相关记录等资料的留存归档。协议期限届满前，根据甲方规定及时将完整纸质档案或电子档案移交甲方；

（七）建立长护险信息安全管理制度，明确信息安全管理责任，确保信息安全。未经甲方书面同意，不得向任何机构或个人提供工作中涉及的参保人员等信息（法律有规定的除外），且不能利用参保人员信息从事其他类商业行为；

（八）按照全国统一的接口和编码规范实现与全国统一的医保信息平台长护险功能模块联通，并按规定及时全面准确上传审核和结算所需的有关数据。强化长护险功能模块应用，做好机构、人员等编码信息动态维护和贯标应用工作；

（九）配合甲方的日常检查、评估结论抽审、考核评价等工作，接受统筹地区医保行政部门的监督检查，并按规定提供相关材料；

（十）协议期间，乙方重要信息（名称、法定代表人、主要负责人或实际控制人、注册地址、银行账户、经营范围、机构性质等）发生变更时，应当自有关部门批准之日起 30 个工作日内，向甲方提出变更申请。其他一般信息变更应及时告知。信息变更后，应及时办理协议变更手续；

（十一）不得同时承担依评估结论而开展的长期护理服务工作，不得同时承担长护险经办工作；

（十二）法律法规和规章规定的其他义务。

## 第三章　失能评估管理

第十一条　甲方接受参保人员失能评估申请后予以审核，审核通过后向乙方派单，乙方不可选择性接单，应及时开展失能评估工作。

第十二条　乙方开展失能评估时，应至少派 2 名评估人员上门评估，其中至少有 1 名评估专家。

现场评估人员依据失能等级评估标准和评估操作指南，采集信息，开展评估。须有至少 1 名评估对象的监护人或委托代理人在场。可在邻里、社区等一定范围内走访调查评估对象的基本生活自理情况，做好调查笔录和视频录像，并参考医院住院病历或诊断书等相关资料，作为提出评估结论的佐证资料。

第十三条　现场评估人员可直接提出评估结论的，由现场评估人员提出评估结论。现场评估人员不能直接提出评估结论的，由乙方组织评估专家依据现场采集信息，提出评估结论。评估结论应经过至少 2 名评估专家的评估确认。

第十四条　评估结论达到待遇享受条件对应失能等级的，甲方和乙方应当在一定范围内公示评估结论，接受社会监督。

不符合待遇享受条件的，或符合待遇享受条件经公示无异议的，乙方出具评估结论书。甲方向评估对象或其监护人、委托代理人送达评估结论书。

原则上评估结论书应在申请受理之日起 30 个工作日内送达。

第十五条　乙方依据现场采集信息，提出护理服务建议。

第十六条　评估对象或其监护人、委托代理人对失能等级评估结论有异议的、第三人对公示评估结论有异议的，经甲方核实反映情况属实的，甲方可组织复评。复评原则上有不少于 2 名评估专家参加，参加初次评估的定点评估机构和评估人员须回避。复评结论为最终评估结论。

## 第四章　费用结算

第十七条　乙方应当严格执行政策规定的费用结算标准，按要求及时向甲方报送评估服务费用清单（或规范票据），并对其真实性负责。

第十八条　甲方应当建立费用审核机制，根据实际评估人数和评估费用明细，对乙方评估费用结算等申报资料进行审核。对经审查核实违规的，不予支付。

第十九条　根据法律法规和规定或者协议有关约定，对应当追回向乙方已拨付费用的，甲方有权进行追回，乙方应当严格落实退回时限和方式。未按要求的时限或方式退回的，甲方有权中止与乙方的协议，并通过法律途径进行追回。

## 第五章　考核管理

第二十条　甲方加强对乙方评估协议履行情况的日常核查，由甲方或甲方委托的第三方机构，定期或不定期对乙方作出的评估结论以及履行协议情况进行核查。乙方应当对甲方或甲方委托的第三方机构在日常检查工作中查阅参保人员有关资料、询问当事人、现场核查等予以配合。乙方应当确保提供的资料和传输的评估费用数据真实、准确、完整。

第二十一条　甲方或甲方委托的第三方机构对乙方履行评估协议情况开展绩效考核，重点考核基础管理、评估质量、评估时限、费用结算、信息系统等。考核指标、考核标准实行动态管理，根据情况适时调整。具体考核指标、考核标准内容及考核等级设置，由甲方结合实际另行规定。

第二十二条　日常检查、考核结果按规定与费用拨付、年终清算、协议续签等挂钩。

第二十三条　甲乙双方在协议履行过程中发生争议的，应首先通过协商解决。协商不能达成一致的，可提请同级医保行政部门协调处理。对协调处理结果不服的，可依法申请行政复议或直接提起行政诉讼。

第二十四条　甲方应通过满意度调查、第三方评价、聘请社会监督员等方式定期对乙方进行社会监督，畅通投诉举报渠道，及时发现问题并进行处理。

## 第六章　违约责任

第二十五条　甲方发现乙方存在违反协议约定情形的，可按协议约定相应采取以下处理方式：

（一）约谈定点评估机构法定代表人、主要负责人或实际控制人；

（二）暂停或不予拨付评估费用；

（三）追回已支付的评估费用；

（四）要求定点机构按照协议约定支付违约金；

（五）中止相关责任方（人员）提供涉及长护险基金使用的相关服务；

（六）中止或解除协议。

第二十六条　甲方有下列情形的，乙方可要求纠正，或提请医疗保障行政部门协调处理、督促整改：

（一）未及时告知乙方长护险政策和管理制度、操作流程变化情况的；

（二）未按本协议规定进行费用结算的；

（三）未提供长护险功能模块接口和编码标准的；

（四）未对作出的违约处理结果向乙方进行解释说明的；

（五）不遵守个人信息保护和数据安全有关制度，导致个人信息或乙方商业秘密泄露的；

（六）工作人员违反工作纪律规定，对乙方造成影响的；

（七）其他违反法律法规和规章或者协议约定的行为。

第二十七条　乙方有下列违约情形之一，但未造成长护险基金损失的，甲方可对乙方作出约谈整改、通报等处理：

（一）未按照本协议约定落实相关管理要求的；

（二）未按甲方要求及时、准确、完整提供资料的；

（三）被参保人员合理投诉且确认投诉成立的，或未及时处理参保人员投诉和社会监督反映问题的；

（四）未按规定建立长护险失能等级评估内部相关管理制度或管理制度不健全、管理混乱的；

（五）未按照规定的评估流程、标准、时限开展失能等级评估工作，但对评估结论未造成实质影响的；

（六）违反本协议约定或长护险相关政策的其他情形，未造成基金损失的。

第二十八条 乙方有下列违约情形之一的，或有前述违约情形造成社会影响较大的，暂停拨付评估费用，督促其限期整改，整改到位的，暂停拨付期间乙方发生符合规定的评估费用甲方予以结算：

（一）未按照甲方提供的接口和编码标准进行程序开发和改造的；

（二）不遵守个人信息保护和数据安全有关制度，导致个人信息泄露的；

（三）未按照规定的评估流程、标准、时限开展失能等级评估工作，且对评估结论造成实质影响；

（四）未及时、准确、完整提供甲方要求的结算资料，上传的服务信息和费用申报信息与实际发生费用不一致的；

（五）其他对基金拨付造成影响，乙方应予以整改的情形。

第二十九条 乙方有下列违约情形之一的，或有前述违约情形且造成长护险基金较大损失，或社会影响较大的，甲方不予支付或追回已支付的评估费用，情形较重的，可要求乙方支付违约金，违约金原则上不得超过乙方违规费用的30%：

（一）未核验被评估参保人员身份信息，造成被他人冒名顶替的；

（二）提供的结算数据与实际不一致的；

（三）未按照规定保管评估档案、财务账目、会计凭证等资料，造成无法核实费用发生及结算真实情况的；

（四）重复、分解、超标准收取评估费用或者自定标准收费；

（五）将不属于长护险支付范围的评估费用纳入结算；

（六）为非定点评估机构提供评估费用结算；

（七）其他造成长护险基金损失的行为。

第三十条 乙方发生下列违约情形之一的，或有前述违约情形且造成长护险基金较大损失，或社会影响较大的，甲方不予支付或追回已支付的评估费用，给予乙方中止协议处理。情形较重的，可要求乙方支付违约金，违约金原则上不得超过乙方违规费用的30%：

（一）重大信息变更且未在规定时限内提出变更申请的；

（二）在评估结论有效期内，且参保人身体状况未发生明显改变的情况下，评估结论与医疗保障经办机构抽查时重新评估结论不一致的；

（三）未按规定评估流程、标准、时限开展失能等级评估工作，导致不符合待遇享受条件的参保人通过评估，造成长护险基金损失的；

（四）失能等级评估相关材料及影像档案不全、丢失或损毁的；

（五）评估过程中，现场评估人员与复核人员没有落实回避原则的；

（六）因乙方原因，出现 2 次及以上拒绝提供失能等级评估服务的，且拒不整改的；

（七）以长护险名义从事其它商业广告和促销活动，利用虚假宣传、返现回扣、赠送礼品等方式，诱导被评估人员或其监护人、委托代理人消费的；

（八）故意捏造、上传虚假评估信息，或与其他人员或机构串通进行虚假评估的；

（九）未完全履行协议被要求限期整改，未能在限期内完成整改且经两次以上约谈仍不能完成整改；

（十）自愿提出中止协议并经协商一致的；

（十一）法律法规和规章规定的应当中止的其他情形。

第三十一条  乙方发生下列违约情形之一的，或有前述违约情形且性质恶劣的，或造成长护险基金重大损失的，或社会影响严重的，甲方不予支付或追回已支付的评估费用，给予乙方解除协议处理，并有权要求乙方支付违约金，违约金原则上不得超过乙方违规费用的 30%：

（一）以弄虚作假等不正当手段申请取得定点的；

（二）拒绝、阻挠、不配合甲方开展的审核检查，情节恶劣的；

（三）12 个月内累计 2 次中止协议，或者中止协议期间整改不到位的；

（四）出借长护险相关资质或资格的；

（五）法定代表人、主要负责人或实际控制人不能履行协议，或有违法失信行为的；

（六）未依法履行医疗保障行政部门作出的行政处罚决定的；

（七）经查实有欺诈骗保行为；

（八）未依法履行医疗保障行政部门作出的行政处罚决定的；

（九）自愿提出解除协议并经协商一致；

（十）法律法规和规章规定的应当解除的其他情形。

第三十二条　造成长护险基金重大损失或其他严重不良社会影响的，乙方法定代表人或者主要负责人5年内禁止从事长护险定点评估机构管理活动。对乙方有关人员予以暂停3个月至12个月长护险基金支付资格，情节严重的，限制1年至3年从事长护险失能等级评估。

第三十三条　协议履行期间，国家法律法规及相关政策有调整的，应按新的规定执行。若新规定与本协议不一致时，甲乙双方应当采用书面签订补充协议形式，按照新规定对本协议进行修改或补充，补充协议作为本协议的组成部分，与本协议具有同等法律效力。

第三十四条　因乙方原因提出中止协议、解除协议或者不再续签的，应当提前3个月向甲方提出申请。中止时间原则上不超过6个月。中止期间发生的评估费用不予结算。中止期结束时，评估协议未到期的继续履行，评估协议到期的自动终止。

第三十五条　有下列情形之一的，本协议解除：

（一）双方协商一致的；

（二）超过本协议有效期，甲乙双方就续签协议未达成一致的，或乙方未按甲方要求续签协议的，协议到期后自动终止；

（三）因不可抗力致使协议不能履行的；

（四）法律法规和规章规定的其他情形。

第三十六条　涉及暂停或不予拨付费用、中止协议的机构，限制从业的相关人员，以及暂停、取消待遇的参保人员，应期满后向统筹地区医疗保障经办机构重新提出申请，经审核通过后予以恢复长护险基金使用资格。

## 第七章　退出程序

第三十七条　因各种原因发生评估协议解除等情形的，甲方应指导乙方在规定时限内完成相关服务收尾工作。

（一）退出发起

乙方因机构性质变化导致法律责任主体发生变化或自身原因要求主动退出长护险定点失能等级评估机构的，应提前 3 个月申请退出。乙方在确保评估工作妥善衔接的基础上，向甲方提交相关材料说明原因申请退出。

（二）退出清算

甲方组织对申请退出机构的评估任务、结算费用、档案资料等方面进行退出审核，开展退出考核。

（三）关闭权限

退出考核通过的，关闭长护险系统结算等使用权限；退出考核不通过的，告知其原因并停止对该机构的评估任务分配，限 1 个月完成整改并重新申请退出考核，通过后关闭权限。

（四）信息公布

甲方及时向社会公布退出机构信息。

# 第八章　附　则

第三十八条　本协议有效期，自　年　月　日至　年　月　日。

第三十九条　协议续签由定点评估机构提前 3 个月向统筹地区医疗保障经办机构提出申请。统筹地区医疗保障经办机构和定点评估机构就协议续签事宜进行协商谈判，双方根据协议履行和考核等情况决定是否续签。协商一致的可续签协议，未达成一致的，协议到期后自动终止。

第四十条　统筹地区医疗保障经办机构可在本协议范本基础上，结合工作实际，制定本统筹地区协议范本。

第四十一条　本协议未尽事宜，经甲乙双方同意，可签订补充协议，补充协议与本协议具有同等法律效力。

第四十二条　本协议一式三份，经甲乙双方代表签字并盖章后生效。甲乙双方各执一份，统筹地区医疗保障行政部门备案一份，具有同等效力。

# 长期护理保险定点护理服务机构
# 服务协议范本（试行）

甲方（医疗保障经办机构）：

医疗保障经办机构代码：

法定代表人：

地址：

邮政编码：

联系电话：


乙方（定点长护服务机构）：

定点机构代码：

法定代表人：

地址：

邮政编码：

联系电话：


为加强和规范长期护理保险护理服务机构（以下简称"长护服务机构"）定点管理，根据《长期护理保险护理服务机构定点管理办法（试行）》《长期护理保险经办规程（试行）》等有关政策，双方在自愿、平等、协商的基础上，就长期护理保险（以下简称"长护险"）护理服务有关事宜签订如下协议：

## 第一章 总 则

第一条 甲乙双方应当认真贯彻执行国家、省、市有关长护险政策法规及本统筹地区医疗保障、卫生健康、民政、市场监管等部门的文件规定，规范本地长护服务机构定点管理，保障符合条件的参保人员按规定享受长护险护理服务。

第二条　本协议适用于实施长护险制度地区长护服务机构的定点管理。

第三条　乙方为符合条件的长护险参保人员提供护理服务，适用本协议。

第四条　甲乙双方应当坚持以人民为中心，不断提升定点管理效能，促进护理服务行业有序发展，提高护理服务水平，适应参保人员要求。

第五条　甲乙双方应当正确行使职权，双方有权监督对方执行相关政策法规和履行职责的情况，向对方提出合理化建议，举报或投诉对方工作人员的违法违规行为。

第六条　甲方可将定点长护服务机构申请资料受理审核、协助审核核查、费用初审等工作委托具有资格的第三方机构承担，乙方对第三方机构受托开展的工作应当予以配合。

## 第二章　双方权利义务

第七条　甲方享有以下权利：

（一）有权掌握乙方的运行管理情况，通过远程获取或查询端口开放的形式，从乙方获得长护险护理服务提供、费用审核、绩效考核等相关的全量数据信息；

（二）有权调查、处理乙方违约行为，发现乙方存在违反协议约定情形的，根据协议约定采取相应处理；

（三）法律法规和规章规定的其他权利。

第八条　甲方应履行以下义务：

（一）向社会公布签订、中止及解除协议的定点长护服务机构信息，包括名称、地址等；

（二）及时向乙方通报长护险法规政策和管理制度、操作规程的变化情况，并接受乙方咨询；

（三）会同有关部门建立健全护理服务人员规范化培训机制，组织乙方参与长护险的相关培训，督促乙方做好护理人员的培训和日常管理工作，提升人员队伍专业化水平；

（四）完善费用支付流程，按规定及时审核结算并向乙方支付应当由长护险基金支付的费用；

（五）向乙方提供医保信息平台长护险功能模块数据集、接口标准和编码标准；

（六）对作出的违约处理结果向乙方进行解释说明；

（七）遵守个人信息保护和数据安全有关制度，保护参保人员个人信息及乙方商业秘密；

（八）法律法规和规章规定的其他义务。

第九条　乙方享有以下权利：

（一）按协议约定及时足额获得应由甲方支付的长护服务费用；

（二）有权对争议费用和违约处理情况与甲方沟通、申辩。要求甲方对不予支付的费用和作出的违约处理结果进行解释说明。对处理结果仍有异议的，可提请同级医疗保障行政部门协调处理；

（三）对甲方履约情况进行监督，举报或投诉甲方及工作人员的违法违纪违规行为；

（四）甲方违反协议的，有权要求甲方纠正或者提请医疗保障行政部门协调处理、督促整改，也可以依法申请行政复议或者提起行政诉讼；

（五）有权及时获知长护险政策、费用结算流程等调整情况；

（六）有权要求甲方提供医保信息平台长护险功能模块数据集、接口标准和编码标准；

（七）法律法规和规章规定的其他权利。

第十条　乙方应履行以下义务：

（一）遵守长护险有关政策规定，按照协议要求，加强内部建设，为参保人员提供合理的护理服务；

（二）按照《长期护理保险护理服务机构定点管理办法（试行）》规定，配备专（兼）职管理人员、护理服务人员，明确并履行管理职责；

（三）建立健全内部质量控制制度，形成部门之间、岗位之间和业务之间相互制衡、相互监督的内控机制；

（四）建立护理服务人员动态管理机制和工作质量考核评价体系，实行实名制管理，强化技能培训。制定服务流程和服务标准，确保护理服务一致性和规范性；

（五）建立护理服务档案管理制度，按"一人一档"的要求做好护理服务全过程记录、护理文书、服务档案等资料的留存归档。协议期限届满前，根据甲方规定及时将完整纸质档案或电子档案移交甲方；

（六）建立长护险信息安全管理制度，明确信息安全管理责任，确保信息安全。未经甲方书面同意，不得向任何机构或个人提供工作中涉及的参保人员等信息（法律有规定的除外），且不能利用参保人员信息从事其他类商业行为；

（七）按照全国统一的接口和编码规范实现与全国统一的医保信息平台长护险功能模块联通，并按规定及时全面准确上传审核和结算所需的有关数据。强化长护险功能模块应用，做好机构、人员等编码信息动态维护和贯标应用工作；

（八）遵守国家和地方政府有关服务价格管理的法律、法规、标准和规范，全面实行收费公示和费用清单制度。医疗护理服务价格参照当地定点医疗机构医疗服务价格政策（项目名称、项目内涵、计价单位、收费标准）执行。生活照护服务由乙方按照公平合理、诚实守信、质价相符的原则自主确定价格，提高价格行为的经济性和规范性，做好同行同业态比价，加强行业自律；

（九）乙方不得重复、分解收取长护服务费用，或者收费价格高于公示价格，不得实行不公平、歧视性高价，同一价目收费价格不得高于非参保人员收费价格。乙方应配合甲方做好长期护理价格监测和监督工作；

（十）配合甲方的日常检查、护理服务抽审、考核评价、价格监测等工作，接受统筹地区医保行政部门的监督检查，并按规定提供相关材料；

（十一）协议期间，乙方名称、等级、法定代表人、主要负责人或实际控制人、注册地址、机构性质和类别、核定床位数（护理床位）、服务类型、服务内容、收费价格等重大信息发生变更的，应当自有关部门批准、备案或者发生变更之日起 30 个工作日内向甲方提出变更申请。其他一般信息变更应当及时告知。信息变更后，应及时办理协议变更手续；

（十二）不得同时开展长护险失能等级评估工作，不得同时承担长护险经办工作；

（十三）法律法规和规章规定的其他义务。

## 第三章　护理服务管理

第十一条　乙方应配合长护专员进行沟通协调，协助其结合护理服务建议形成护理服务计划，明确服务的类型、频次、时长、配比等内容，经参保人员或其监护人、委托代理人确认后实施。

第十二条　乙方应与参保人员或其监护人、委托代理人签订服务合同。按照护理服务计划、行业规范和长护险规定为参保人员提供服务，并如实记录服务内容。

第十三条　乙方在为参保人员提供长护险相关服务时，应当核验参保人员有效身份凭证，发现证件无效、人证不符的，不得为其办理签约，提供护理服务。

第十四条　乙方拟提供的长护险护理服务类型为：

（一）居家护理（　　）

（二）社区护理（　　）

（三）机构护理（　　）

第十五条　乙方提供居家护理或者社区护理服务的，应当配备专业护理服务团队，长期照护师等护理服务人员不少于 4 人；具备医疗资质的，医护人员不少于 2 人。

乙方提供机构护理服务的，应当配备长期照护师等护理服务人员及设备设施，其中具备医疗资质的，医师和护士（师）各不少于 2 人。长期护理服务能力在 100（含）人以上的，应当成立长护管理内设工作机构并配备专职管理人员。

第十六条　乙方应合理服务、合理收费，严格执行长护险服务项目等目录，优先使用目录内项目服务。乙方提供长护险保障范围外的服务事项应当事先征得参保人员或其监护人、委托代理人书面同意。

第十七条　乙方应加强对护理服务计划、护理记录等资料管理，建立参保人健康与服务实名制档案，应妥善保存所有长护险相关的病历、处方、治疗单、检查检验报告等。乙方不得虚记服务费用、不得超标准收费、不得串换服务项目。

第十八条　护理服务人员应为长期照护师、养老护理员、医疗护理员或者由省级医疗保障行政部门确定符合条件的相关护理人员，人员类型、数量与服务能力、服务范围相匹配。

## 第四章　费用结算

第十九条　乙方应当严格执行政策规定的费用结算标准，按要求及时向甲方报送护理服务清单（或规范票据）、服务项目费用结算明细、护理人员等信息，并对其真实性负责。

第二十条　甲方应当建立费用审核机制，根据乙方报送的长护服务费用明细，对乙方长护服务费用结算等申报资料进行审核。对经审查核实违规的，不予支付。

第二十一条　根据法律法规规定及协议有关约定，对应当追回向乙方已拨付费用的，甲方有权进行追回，乙方应当严格落实退回时限和方式。未按要求的时限或方式退回的，甲方有权中止与乙方的协议，并通过法律途径进行追回。

## 第五章　考核管理

第二十二条　甲方加强对乙方长护协议履行情况的日常核查，由甲方或甲方委托的第三方机构，定期或不定期对乙方护理服务情况进行核查。乙方应当对甲方或甲方委托的第三方机构在日常检查工作中查阅参保人员有关资料、询问当事人、现场核查等予以配合。乙方应当确保提供的资料和传输的数据真实、准确、完整。

第二十三条 甲方或甲方委托的第三方机构应对乙方履行长护协议情况开展绩效考核，重点考核基础管理、护理服务质量、费用结算、信息系统等，建立动态管理机制。具体考核指标、考核标准内容及考核等级设置，由甲方结合实际另行规定。

第二十四条 日常检查、考核结果按规定与费用拨付、年终清算、协议续签等挂钩。

第二十五条 甲乙双方在协议履行过程中发生争议的，应首先通过协商解决。协商不能达成一致的，可提请同级医保行政部门协调处理。对协调处理结果不服的，可依法申请行政复议或直接提起行政诉讼。

第二十六条 甲方应通过满意度调查、第三方评价、聘请社会监督员等方式定期对乙方进行社会监督，畅通投诉举报渠道，及时发现问题并进行处理。

## 第六章 违约责任

第二十七条 甲方发现乙方存在违反协议约定情形的，可相应采取以下处理方式：

（一）公开通报；

（二）约谈定点长护服务机构法定代表人、主要负责人或者实际控制人；

（三）暂停新增长护险服务对象；

（四）暂停或不予拨付长护服务费用；

（五）追回已支付的违规长护服务费用；

（六）要求定点长护服务机构按照协议约定支付违约金；

（七）中止相关责任方（人员）提供涉及长护险基金使用的服务；

（八）中止或者解除协议。

第二十八条 甲方有下列情形的，乙方可要求纠正，或者提请甲方同级医疗保障行政部门协调处理、督促整改：

（一）未及时告知乙方长护险政策和管理制度、操作流程变化情况的；

（二）未按本协议规定进行费用结算的；

（三）未提供长护险功能模块接口和编码标准的；

（四）未对作出的违约处理结果向乙方进行解释说明的；

（五）不遵守个人信息保护和数据安全有关制度，导致个人信息或乙方商业秘密泄露的；

（六）工作人员违反工作纪律规定，对乙方造成影响的；

（七）其他违反法律法规和规章或者协议约定的行为。

第二十九条　乙方有下列违约情形之一，但未造成长护险基金损失的，甲方可对乙方作出约谈整改、通报等处理：

（一）未按照本协议约定落实相关管理要求的；

（二）未按甲方要求及时、准确、完整提供资料的；

（三）被参保人员合理投诉且确认投诉成立的，或未及时处理参保人员投诉和社会监督反映问题的；

（四）未按规定建立长护险护理服务内部相关管理制度或管理制度不健全、管理混乱的；

（五）未严格按照护理服务计划的项目、频次、时长进行服务；提供的护理服务计划、系统排班、护理服务记录表、票据等不吻合，或与实际情况不一致的；

（六）对参保人员错误宣传长护险政策，引起不良社会影响的；

（七）未及时处理参保人员投诉和社会监督反映问题的；

（八）违反本协议约定或长护险相关政策的其他情形，未造成基金损失的。

第三十条　乙方有下列违约情形之一的，或有前述违约情形造成社会影响较大的，暂停拨付长护服务费用，督促其限期整改，整改到位的，暂停拨付期间乙方发生符合规定的长护服务费用甲方予以结算：

（一）未按照甲方提供的接口和编码标准进行程序开发和改造的；

（二）不遵守个人信息保护和数据安全有关制度，导致个人信息泄露的；

（三）护理服务收费标准不一致或收费印章与定点护理服务机构名称不相符的；

（四）采取不正当手段减免长护服务费用、使用支付回扣、虚假宣传等手段招揽或推介参保人员接受服务的；

（五）未经参保人员或其监护人、委托代理人同意，擅自增减护理服务计划内项目的；

（六）未及时、准确、完整提供甲方要求的结算资料，上传的服务信息和费用申报信息与实际发生费用不一致的；

（七）未及时向参保人清算费用，拒付费用的；

（八）其他对基金拨付造成影响，乙方应予以整改的情形。

第三十一条 乙方有下列违约情形之一的，或有前述违约情形且造成长护险基金较大损失，或社会影响较大的，甲方不予支付或追回已支付的长护服务费用，情形较重的，可要求乙方支付违约金，违约金原则上不得超过乙方违规费用的30%：

（一）未核验参保人员身份信息，造成被他人冒名顶替的；

（二）重复、分解收取长护服务费用，以及超标准或未按备案价格收费；

（三）将不属于长护险支付范围的服务费用纳入结算；

（四）提供的结算数据与实际不一致的；

（五）未按照规定保管护理服务、财务账目、会计凭证等资料，造成无法核实费用发生及结算真实情况的；

（六）为非定点长护服务机构提供长护服务费用结算；

（七）其他造成长护险基金损失的行为。

第三十二条 乙方发生下列违约情形之一的，或有前述违约情形且造成长护险基金较大损失，或社会影响较大的，甲方不予支付或追回已支付的长护服务费用，给予乙方中止协议处理。情形较重的，可要求乙方支付违约金，违约金原则上不得超过乙方违规费用的30%：

（一）重大信息发生变更且未在规定时限内提出变更申请；

（二）未按规定向医疗保障行政部门或者统筹地区医疗保障经办机构提供所需信息或者提供的信息不真实；

（三）对长护险基金安全或者参保人员权益可能造成重大风险；

（四）未完全履行协议被要求限期整改，未能在限期内完成整改且经两次以上约谈仍不能完成整改；

（五）在规定时间内未及时清退违规收取的长护服务费用，或未支付违约金的；

（六）协议有效期内发生护理事故并造成严重后果，且乙方承担主要责任的；

（七）自愿提出中止协议并经协商一致的；

（八）法律法规和规章规定的应当中止的其他情形。

第三十三条　乙方发生下列违约情形之一的，或有前述违约情形且性质恶劣的，或造成长护险基金重大损失的，或社会影响严重的，甲方不予支付或追回已支付的长护服务费用，给予乙方解除协议处理，并有权要求乙方支付违约金，违约金原则上不得超过乙方违规费用的30%：

（一）超出执业许可范围或者地址开展长期护理服务；

（二）医疗机构执业许可证、诊所备案凭证、养老机构登记证书、备案回执、营业执照等资质文件注销、被吊销、年检不合格、过期失效等，或者营业执照变更后经营范围不符合申请成为定点长护服务机构条件的；

（三）因买卖、转让、重组等情形导致经营主体发生重大变化，严重影响协议履行；

（四）法定代表人、主要负责人或者实际控制人不能履行协议，或者有严重违法失信行为；

（五）以弄虚作假等不正当手段申请取得定点管理资质或资格；

（六）12个月内累计2次中止协议，或者中止协议期间整改不到位；

（七）以虚假宣传、利益诱导等手段进行服务促销且情节恶劣；

（八）拒绝、阻挠监督检查或者因违反长护险政策规定造成恶劣影响，被医疗保障、审计等部门通报；

（九）以伪造或者变造的护理服务记录、账目、费用单据、上传数据、会计凭证、电子信息等有关资料，进行长护服务费用结算；

（十）诱导、协助、串通他人冒名提供虚假证明材料，进行长护服务费用结算；

（十一）为其他长护服务机构或者其服务对象提供长护服务费用结算，出借长护险相关资质或者资格；

（十二）经查实有欺诈骗保行为；

（十三）未依法履行医疗保障行政部门作出的行政处罚决定的；

（十四）自愿提出解除协议并经协商一致；

（十五）法律法规和规章规定的应当解除的其他情形。

甲方作出中止或者解除协议，对乙方相关责任方（人员）中止长护险基金结算或者限制一定期限从事长护险服务等处理时，应当及时报告同级医疗保障行政部门。

第三十四条　造成长护险基金重大损失或其他严重不良社会影响的，乙方法定代表人或者主要负责人5年内禁止从事长护险定点长护服务机构管理活动。对乙方有关人员予以暂停3个月至12个月长护险基金支付资格，情节严重的，限制1年至3年从事长护险护理服务。

第三十五条　协议履行期间，国家法律法规及相关政策有调整的，应按新的规定执行。若新规定与本协议不一致时，甲乙双方应当采用书面签订补充协议形式，按照新规定对本协议进行修改或补充，补充协议作为本协议的组成部分，与本协议具有同等法律效力。

第三十六条　因乙方原因提出中止协议、解除协议或者不再续签的，应当提前3个月向甲方提出申请。中止时间原则上不超过6个月。中止期间发生的长护险费用不予结算。中止期结束时，长护协议未到期的继续履行，长护协议到期的自动终止。

第三十七条　有下列情形之一的，本协议解除：

（一）双方协商一致的；

（二）超过本协议有效期，甲乙双方就续签协议未达成一致的，或乙方未按甲方要求续签协议的，协议到期后自动终止；

（三）因不可抗力致使协议不能履行的；

（四）法律法规和规章规定的其他情形。

第三十八条　涉及暂停或不予拨付费用、中止协议的机构，限制从业的相关人员，以及暂停、取消待遇的参保人员，应期满后向统筹地区医疗保障经办机构重新提出申请，经审核通过后予以恢复长护险基金使用资格。

## 第七章　退出程序

第三十九条　因各种原因发生长护协议解除等情形的，甲方应指导乙方在规定时限内完成相关服务收尾工作。

（一）退出发起

乙方因机构性质变化导致法律责任主体发生变化或自身原因要求主动退出长护险定点护理服务机构的，应提前3个月申请退出。乙方在确保护理服务工作妥善衔接的基础上，向甲方提交相关材料说明原因申请退出。

（二）退出清算

甲方组织对申请退出机构的护理服务记录、结算费用、档案资料等方面进行退出审核，开展退出考核。

（三）关闭权限

退出考核通过的，关闭长护险系统结算等使用权限；退出考核不通过的，告知其原因并停止对该机构的护理服务任务分配，限1个月完成整改并重新申请退出考核，通过后关闭权限。

（四）信息公布

甲方及时向社会公布退出机构信息。

## 第八章　附　则

第四十条　本协议有效期，自　年　月　日至　年　月　日。

第四十一条　协议续签由定点长护服务机构提前3个月向统筹地区医

疗保障经办机构提出申请。统筹地区医疗保障经办机构和定点长护服务机构就协议续签事宜进行协商谈判，双方根据协议履行和考核等情况决定是否续签。协商一致的可续签协议，未达成一致的，协议到期后自动终止。

第四十二条　统筹地区医疗保障经办机构可在本协议范本基础上，结合工作实际，制定本统筹地区协议范本。

第四十三条　本协议未尽事宜，经甲乙双方同意，可签订补充协议，补充协议与本协议具有同等法律效力。

第四十四条　本协议一式三份，经甲乙双方代表签字并盖章后生效。甲乙双方各执一份，统筹地区医疗保障行政部门备案一份，具有同等效力。

# 国家医保局　人力资源社会保障部
# 关于推进长期照护师职业技能等级认定的实施意见

（医保发〔2024〕29 号）

各省、自治区、直辖市医疗保障局、人力资源社会保障厅（局），新疆生产建设兵团医疗保障局、人力资源社会保障局：

为推进长期照护师职业技能等级认定工作，根据《中共中央办公厅 国务院办公厅关于加强新时代高技能人才队伍建设的意见》、《人力资源社会保障部关于健全完善新时代技能人才职业技能等级制度的意见（试行）》（人社部发〔2022〕14 号）、《人力资源社会保障部办公厅　国家医疗保障局办公室关于颁布健康照护师（长期照护师）国家职业标准的通知》（人社厅发〔2024〕14 号）、《人力资源社会保障部办公厅　公安部办公厅　市场监管总局办公厅关于加强职业技能评价规范管理工作的通知》（人社厅发〔2024〕27 号）等文件精神，现提出如下意见。

## 一、总体要求

坚持以习近平新时代中国特色社会主义思想为指导，全面贯彻党的二十大和二十届二中、三中全会精神，认真落实人才强国战略，坚持需求导向，把职业技能等级认定作为促进长期护理保险高质量发展的有力支撑，积极构建科学化、社会化、多元化的长期照护师技能人才评价体系，拓展技能人才职业发展通道，切实提升长期照护师的能力水平，助力建设服务型、技能型、创新型劳动者大军，稳步提高长期照护服务质量，更好保障长期护理保险待遇享受人员权益。

职业技能等级认定范围包括运用基本生活照料及护理知识、技能，在家庭、社区、养老机构等场所，为享受长期护理保险待遇人员等人群提供基本生活照料及与之密切相关的医疗护理、功能维护、心理照护等服务的从业人员。聚焦解决长期照护服务对象急难愁盼问题，加快推进以岗位使用为导向的长期照护师职业技能等级认定体系建设，增强职业认同感、归属感，提升长期照护师队伍凝聚力。

## 二、重点工作

（一）合理确定职业技能等级认定机构。省级医保部门和人力资源社会保障部门要立足长期护理保险工作实际，严格落实职业技能等级认定机构备案事项办理指南要求，按照统筹规划、合理布局、严格条件、择优遴选、动态调整的原则，统筹公共实训基地、普通高校、职业院校（含技工院校）、职业技能培训机构等资源，共同遴选一批符合条件的单位，按程序做好备案管理，合理确定长期照护师职业技能等级认定机构。

（二）规范职业技能等级认定程序。督促指导长期照护师职业技能等级认定机构严格按照《健康照护师（长期照护师）国家职业标准（2024年版）》相关要求，对照长期照护师职业技能等级认定内容，分类分级做好五级/初级工、四级/中级工、三级/高级工的认定考核工作。要将长期照护师国家职业标准和统一开发的长期照护师培训教材及考试题库作为培训、考核的主要依据。通过理论知识考试和操作技能考核方式，围绕职业道德、基础知识、生活照护、基础护理、应急处置、功能维护、对症护理、心理照护等方面开展考核，并对合格人员颁发职业技能等级证书。职业技能等级证书按照人力资源社会保障部制定的编码规则，统一证书样式，实现全国范围内查询验证。

（三）常态化开展职业技能等级认定。各地医保部门指导用人单位依托实训基地、长期护理服务机构等培训场所，定期组织已完成职业技能等级认定的长期照护师开展业务知识和实操技能轮训。要做好长期照护师职业培训包、培训教材及考试题库的应用落地，有条件的地区可适当拓展培训内容和考试题库。

（四）提高长期照护师职业技能等级认定质量。督促指导职业技能等级认定机构加强考评考务人员队伍建设，优化完善能力提升机制，加强考评考务人员培养。鼓励长护服务机构结合用人需求，根据职业技能等级认定结果，优先聘用并合理安排使用取得长期照护师职业技能等级证书的人员，促进职业等级认定结果与技能人才使用相衔接。支持开展职业技能大赛，将长期照护师职业技能等级认定与岗位练兵、技术比武等活动相结合，引领带动从业人员技能水平提升，培养高技能人才。鼓励以赛促评，对依据国家职业标准举办的职业技能竞赛，可按照有关规定对获得相应等次的选手晋升相应职业技能等级。

（五）加强职业技能等级认定监督管理。指导各地加强长期照护师职业技能等级认定工作监督管理，综合运用质量督导、现场督查、同行监督、社会监督等方式，加强评价过程监管、结果监管。加大质量督导员培训，选派质量督导员，加强对职业技能等级认定机构评价质量监督。督促长期照护师职业技能等级认定机构配备内部质量督导员，按照《技能人才评价质量督导指标体系》等要求，强化评价全流程质量监管。

## 三、组织落实

各地要充分认识做好长期照护师职业技能等级认定对支撑长期护理行业高质量发展的重要意义，加强组织领导和工作协同，健全工作机制，有序推进职业技能等级认定工作。要引导长护服务机构用好职业技能人才，建立健全激励机制。要大力宣传先进典型，弘扬工匠精神，营造尊重劳动、崇尚技能、鼓励创造的浓厚氛围。要加强工作调度，重点关注职业技能等级认定机构工作开展、新增持证技能人才等情况。典型经验做法及工作中遇到的重大问题及时反馈国家医保局和人力资源社会保障部。

国家医保局

人力资源社会保障部

2024 年 11 月 1 日

# 人力资源社会保障部办公厅　国家医疗保障局办公室
## 关于发布健康照护师（长期照护师）
## 国家基本职业培训包的通知

### （人社厅函〔2024〕197号）

各省、自治区、直辖市及新疆生产建设兵团人力资源社会保障厅（局）、医疗保障局：

根据《健康照护师（长期照护师）国家职业标准》规定，人力资源社会保障部、国家医疗保障局共同编制了《健康照护师（长期照护师）国家基本职业培训包》，现予发布（电子版可在人力资源社会保障部和国家医疗保障局官网查询）。

人力资源社会保障部办公厅

国家医疗保障局办公室

2024 年 12 月 24 日